Simon Rogler

Weiterleben

Der Tod verändert das Leben - nicht die Liebe

www.tredition.de

© 2021 Simon Rogler

Verlag und Druck: tredition GmbH, Halenreie 40-44, 22359 Hamburg

ISBN
Paperback: 978-3-347-32703-0
Hardcover: 978-3-347-32704-7
e-Book: 978-3-347-32705-4

INHALT

Weiterleben

Der Tod verändert das Leben – nicht die Liebe

Danksagung

Dieses Buch entstand aus einer Idee heraus bei einer Palliativweiterbildung. Wir alle werden geboren und wir alle werden sterben. Nichts in unserem Leben ist so sicher wie dieser Satz.

Viele Angebote für Angehörige sind zeitlich begrenzt und in unserer Gesellschaft noch mit Tabus behaftet. Ich sehe mich mit diesem Buch nicht als professionellen Therapeuten, sondern als Wegbegleiter für Angehörige.

Ich danke daher allen Menschen, die bei der Entstehung des Projekts mitgeholfen haben, die es mir ermöglicht haben meine eigenen Erlebnisse und Erfahrungen schriftlich zu Wort zu bringen, damit es für Sie als Angehöriger nach dem Tod eines geliebten Menschen leichter wird mit dem Abschied und der Trennung umzugehen.

Ein Dank gilt meinen Eltern, ohne die ich jetzt nicht wäre, wo ich jetzt bin.

Meiner Oma für meine frühen Erlebnisse und Erfahrungen mit dem Thema Tod. Wir sind nicht alleine, denn einer ist immer bei uns und wacht über uns. Dies mag sich für den ein oder anderen sehr religiös anhören. Aber ich bin mir sehr sicher, dass es jemanden gibt der auf uns begleitet.

Vorwort

Jeder von uns hat schon einmal den Verlust eines geliebten Menschen oder eines Haustieres erlebt. Der Verlust ist sehr schmerzhaft und die Trauer kann uns jahrelang begleiten.

In unserer Gesellschaft hat Trauer kaum Zeit und Raum, um den Verlust des Menschen, den man liebte zu betrauern. Unsere Gesellschaft ist funktional und es gibt kaum noch Chancen die Trauer zu leben. Doch auch hier gibt es immer wieder einmal Unterschiede.

Die Trauer zeigt sich in verschiedenen Formen und in verschiedenen Zeiten. Sie kann unterschiedlich lange sein. Einer trauert kurz, der nächste länger. Geht die Trauer jedoch jahrelang so sprechen wir über eine chronische Trauer, die Hilfe bedarf.

Besonders der Verlust von Sternenkindern stellt Eltern vor eine Herausforderung und bekommen in diesem Buch ein eigenes Kapitel. Manche Ehen zerbrechen an dem Verlust, andere lernen es damit umzugehen und dem nächsten Kind in Liebe zu begegnen.

Ich widme der Regenbogenbrücke genauso ein einzelnes Kapitel in diesem Buch. In der Gesellschaft ist es noch immer verpönt um ein Tier zu Trauer. Wer selbst ein Tier über die Regenbogenbrücke begleiten musste, versteht was ich meine. Auch hier ist die Trauer eigen und braucht einen eigenen Raum.

Sie werden lesen, dass es Möglichkeiten gibt mit der Trauer umgehen zu lernen. In der heutigen Zeit, die von Corona geprägt ist, bekommen Abschiede eine neue Bedeutung. Gerade wenn man sich nicht mehr von seinen Liebsten verabschieden kann. Hier denke ich insbesondere an die Menschen, die an Corona alleine verstorben sind auf den Intensivstationen dieser Welt oder an Einsamkeit in den Pflegeheimen verstorben sind.

Die Toten verdienen Respekt auf ihrer letzten Reise. Nicht nur von uns, die wir sie begleiten, sondern von jedem der um sie trauert.

Auf der Seite www.trauernmitsimon.com biete ich Ihnen eine Plattform zum Austausch mit Betroffenen. Nutzen Sie das Forum und tauschen Sie sich aus.

Es grüßt Sie

Ihr Simon Rogler

Der Tod – der Verlust eines geliebten Menschen

D er Tod kommt oftmals überraschend und ohne Vorwarnung. Für manche Menschen kommt er manchmal in Form einer langen Krankheit oder als Unfall. Manchmal begegnet uns der Tod in der Nacht, auf der Straße oder er signalisiert ein langsames Sterben, so wie es bei Dementen oftmals der Fall ist.

Bekommt ein Mensch die Diagnose Krebs oder einer anderen tödlichen Erkrankung, so stellen sich dem Menschen Fragen, die er zum Teil nicht alleine beantworten kann. Krebs kann heilbar sein, wenn die eigene Einstellung zur Gesundung eine positive ist. Nicht jeder Mensch ist jedoch bereit zu kämpfen und das sollte uns Angehörigen auch bewusst sein. Natürlich ist es für uns schmerzhaft, wenn sich ein schwerkranker Mensch dazu entscheidet, bewusst aus dem Leben zu gehen. Dies ist noch nicht in allen Ländern der Welt gestattet. Die Schweiz ist eines der wenigen Länder, die den Exit lebt und wo der Mensch sich bewusst dazu entscheiden kann, selbstbestimmt aus dem Leben zu scheiden. Dies hat jedoch sehr viel Bürokratie und darf nur unter Aufsicht durchgeführt werden. Die Schweiz ist sehr speziell mit dem Thema Tod und eines der wenigen Länder, wo man seinem Leben bewusst ein Ende setzen kann, wenn eine schwere Erkrankung, für die es keine Heilung mehr gibt, das Leben in Leiden versetzen würde.

Als Pflegekraft erlebe ich den Tod so häufig, dass ich mich selbst mit meinem eigenen Sterben und meinen Wünschen bereits auseinandergesetzt habe. Der Tod macht mir keine Angst mehr. Das war etwas was ich für mich in jungen Jahren hatte. Damals erschien mir der Tod fremd und unbekannt. Doch je länger ich in der Pflege arbeite und je mehr Menschen ich in den letzten Stunden ihres Lebens begleiten durfte, desto geringer wurde meine eigene Angst.

Der Tod ist in den Krankenhäusern dieser Welt genauso allgegenwärtig wie auf der Straße. Niemand weiß, wann und wo er einen ereilt. Die Stunde unseres Todes können wir genauso wenig bestimmen wie die Stunde unserer Geburt. Doch während unseres Lebens mit der Geburt beginnt, endet unser Leben mit dem Tode. Mit dem Tod erlöschen die Vitalzeichen unseres Lebens. Wir verlassen diesen irdischen Körper, damit unsere Seele frei wird und aufsteigen kann. Für viele ist es ein schmerzhafter Prozess das irdische Leben loszulassen. Gerade wenn einen noch Dinge belasten, die noch nicht geklärt sind, ist es schwieriger zu gehen und sich von dieser Welt zu verabschieden. In meinem Beruf als Pflegekraft erlebe ich dies sehr oft, daher widme ich einen Teil dieses Ratgebers auch der seelsorgerischen Betreuung. Oftmals erfahre ich von nicht geklärten Problemen, die der Sterbende noch auslösen muss, bevor er gehen kann. Manchmal gibt es die Möglichkeit dies via Seelsorge zu klären, aber nicht immer ist dies der Fall. Besonders dann, wenn Familien zerstritten sind, wird es umso schwieriger das Loslassen zu erleichtern.

Der Tod verändert das Leben, aber nicht die Liebe so sagte meine Oma oftmals. Sie wurde einundneunzig und war einer der wenigen Menschen, die mit dem Thema Tod offen umgegangen ist. Meine Oma starb an gebrochenem Herzen, nachdem meine Mama selbst bestimmt zu Hause nach kurzer, schwerer Krankheit verstorben ist. Für mich selbst war diese Zeit eine sehr schwierige Zeit. War ich doch kilometerweit von zu Hause entfernt. Doch ich hatte das Glück, meine Mutter kurz vor ihrem Tode noch einige Stunden zu sehen und zu erleben. Viele Signale des Sterbenden werden von uns Angehörigen nicht erkannt oder auch gesehen. Meine Mutter hat am Tage vor ihrem Tode immer wieder das Bett verlassen wollen, um nach Hause zu gehen. Sie würde abgeholt werden. Wir haben sie immer wieder in ihr Bett zurückgelegt, weil sie körperlich schon so schwach war, dass sie nicht mehr alleine hätte stehen können. Der Tod ist allgegenwärtig. Er zeigt sich in den verschiedensten Formen und er sendet seine Boten kurz vor dem Ende unseres Lebens. Der Tod bezeichnet das Ende unseres Daseins auf dieser Welt. Er zeigt einen Verlust auf, mit dem wir am Anfang nur sehr schwer umgehen können. Dies geschieht in Form von Trauer, die unterschiedliche Phasen hat. Hierzu möchte ich in einem besonderen Kapitel eingehen.

Warum macht der Tod uns Angst? Warum erleben wir den Tod in den Jahren des Lebens so unterschiedlich?

Wenn wir jung sind, gehen wir mit dem Thema Tod anders um. Erst im Alter verstehen wir die erst die Großeltern. Der Tod spiegelt unsere eigene Endlichkeit in dieser Welt und zeigt uns, dass wir nicht immer hier sein werden. Wir alle haben die Möglichkeit aus unserem Leben etwas zu machen, etwas für die Nachwelt zu hinterlassen. Vielleicht wird man sich in fünfzig Jahren noch an uns erinnern, vielleicht auch nicht.

Wir werden vergessen, wenn wir vergessen werden. Wer die Erinnerung lebt, vergisst nicht. Doch Erinnerung kann auch pathologisch werden, wenn man nur noch in der Vergangenheit lebt. Unser Leben geht auch nach dem Tode eines geliebten Menschen weiter. Am Anfang drehen sich tausende von Fragen in unserem Kopf. Nicht alle Fragen finden Antworten. Manche von uns machen sich Vorwürfe oder geben sich die Schuld. Doch dem Tod können wir nicht entkommen, wir können nur lernen mit ihm umzugehen.

Der Tod ist das Ende unseres Lebens. Er geht mit verschiedenen Sterbephasen einher, die unwiederbringlich das Ende signalisieren. Für Angehörige ist diese Zeit eine sehr schwere Zeit, so zeigt sie doch auf, dass der geliebte Mensch bereit ist diese Welt zu verlassen.

Ich sehe dem Tode selbst zwar nicht gelassen entgegen, aber als Pflegekraft habe ich bereits sehr viele Menschen sterben sehen. Sterbebegleitung ist für mich ein Thema, welches mich als Pflegekraft ausmacht. Nach dem Tode meiner Mama habe ich kaum Zeit und Raum zum Trauern gehabt und ich muss heute sagen, diese Zeit fehlt mir. Ich habe mir Kommentare anhören müssen, die absolut kontraindiziert sind und mich sehr verletzt haben. Als Pflegekraft habe ich mir anhören dürfen, dass ich da als Mensch doch drüberstehen muss. Nein, das muss ich nicht. Denn ich bin nicht nur Pflegekraft, sondern auch Angehöriger und Kind.

Das Leben ist schön und das Leben geht weiter. Das stimmt, aber der Tod begleitet uns, auch wenn wir das nicht wahrhaben möchten. Ich habe viele Hände von Sterbenden gehalten. Ich habe die Schwierigkeiten des Loslassens erlebt, die Trauer und die Wut der Angehörigen. Das Nicht-Verstehen wollen, wenn der Arzt sagte, dass alles Erdenkliche versucht wurde. Ich habe erlebt, dass Menschen zur Organspende vorbereitet wurden. Die schwierigen Gespräche mit den Angehörigen, ob sie bereit sind, wenn Organe entnommen werden. Die Organspende ist in der heutigen Zeit ein eigenes Thema. Die Frage, ob die Organspende prinzipiell jedem auferlegt werden sollte oder nicht, ist eine gesellschaftliche Frage.

Der Tod, wissenschaftlich betrachtet stellt der Tod das Ende des Lebens dar. Wenn der Mensch alle seine relevanten Lebensfunktionen verliert, sprich man vom Tod oder im medizinischen Sinne vom Exitus. Der Tod ist der Zustand des Organismus nach dem Lebensende.

Sterben ist der Prozess vom Übergang Leben zum Tod. Dieser Prozess ist unterschiedlich lang und der genaue Todeszeitpunkt kann nicht vorausgesagt werden. Der Tod wird durch Versagen des Zentralen Nervensystems oder durch das Versagen der Herzkreislauffunktion bestimmt. Dennoch ist es möglich, Patienten die einen Herzstillstand erlitten haben wiederzubeleben und in unsere Welt zurückzuholen.

Doch auch hier sind Grenzen gesetzt. Inzwischen weiß man, dass es eine kurze Zeitspanne dafür gibt, ohne Schädigungen im Gehirn. Ist der Herzstillstand oder die Versorgung ohne Sauerstoff bereits länger her, so werden diese Patienten auf den Intensivstationen als Patienten mit hypoxischem Schaden behandelt. Hier stellt sich die Frage, ob man dies seinem Liebsten antuen muss. Doch das muss jeder für sich selbst entscheiden. Ich propagiere keine Sterbehilfe, aber jeder sollte für sich einmal mit seinem Gewissen sprechen, ob man selbst so leben möchte.

In der Schweiz besteht als schwerkranker Mensch die Möglichkeit in den Exit zu gehen. Doch auch hier sollte die Entscheidung gut überlegt werden. In den Exit zu gehen, ist für Angehörige nicht einfach zu verkraften und es braucht langer und vieler Gespräche, um mit dieser Entscheidung umgehen zu lernen.

Einen geliebten Menschen zu verlieren, benötigt eine Zeit und einen Raum zum Trauern. In einer Gesellschaft, die sehr funktional ausgerichtet ist, bekommen Angehörige dies kaum oder nehmen es selbst auch nicht für sich in Anspruch.

Ich habe die für mich wichtigsten Menschen in meinem Leben bereits verloren. Und ich habe mir Sprüche anhören müssen, dass es für mich als Pflegekraft doch sehr einfach sein muss damit umzugehen, wenn nahe Angehörige versterben. Nein das ist nicht. Auch nicht für mich als Pflegekraft. Den Verlust der Eltern, die Menschen, die einen in die Welt gebracht haben, die den eigenen Weg jahrelang begleitet haben zu verlieren, ist nicht einfach. Egal wie alt Sie sind oder man selbst ist. Der Tod eines geliebten Menschen ist nie selbstverständlich und er ist auch nicht einfach. Er hinterlässt Spuren im Leben und manch einer von uns verändert sich durch den Tod eines nahestehenden Angehörigen.

Den Tod zu erleben, zu betrachten und auch dabei zu sein, ist heute nicht mehr selbstverständlich. Er hinterlässt bei denen die zurückbleiben Wunden, die auch die Erinnerung und die Zeit nicht heilt. Das Einzige was ist, ist das man lernt damit umzugehen. Leben lernen und Sterben lernen, das ist eine Herausforderung für unsere Gesellschaft, egal wo auf der Welt man sich befindet. Natürlich gehen die Kulturen mit dem Thema unterschiedlich um. Mein Buch beschränkt sich daher mit der westlichen Sterbekultur. Ich möchte keiner Kultur die Trauer absprechen, bitte Sie als Leser jedoch darum, es den anderen Kulturen zu lassen. Trauer betrifft bei Angehörigen jeden von uns, egal welche Kultur wir haben.

In der Pflege habe ich viele Varianten des Sterbens erlebt und nicht jeder von uns Menschen geht einfach so aus der Welt. Ich spreche hier nicht vom plötzlichen Herztod, der einen so ereilen kann, sondern von dem Weg des Leidens bei langer und schwerer

Erkrankung. Für Angehörige ist diese Zeit eine sehr schwere und auch intensive Zeit, sind einem oftmals doch die Hände gebunden. Nicht jeder von uns schafft es, beim letzten Atemzug dabei zu sein. Bei meinen Eltern konnte ich leider nicht dabei sein. Es hat mir sehr lange und auch sehr viel ausgemacht, dass ich Menschen beim Sterben und in der Stunde ihres Todes begleitet habe, aber nicht meine Eltern.

Lange haben mich diesbezüglich Schuldgefühle geplagt und ich habe mich mit der Situation nicht wohl gefühlt. Leider kann ich die Zeit nicht mehr zurückdrehen, aber wenn ich es könnte, so würde ich mich heute dazu setzen und ihre Hand halten.

Sterben ist für uns, die wir zurückbleiben nicht immer leicht anzusehen. Den Menschen, den wir lieben in der Stunde seines Abschieds an der Hand zu halten, erfordert bei manchem Mut, bei anderen ist es die Hoffnung auf ein besseres Leben danach, und andere möchten einfach nur dabei sein.

Wenn der Angehörige stirbt oder im Sterben liegt, gehen einem sehr viele Dinge durch den Kopf. Daher ist es wichtig vieles vorab schon zu klären, damit hinterher auch wirklich die Zeit für die Trauer und der Raum dafür ist.

Nicht überall ist es üblich, die Toten aufzubahren zum Abschied nehmen. Ich selbst finde dies sehr wichtig, für die die Zurückbleibenden. Abschied nehmen in dieser Zeit ist nicht leicht. Leider schreiben es die Gesetze vor, welche vorsehen, dass ein Leichnam nur einige Stunden bis zu zwei Tagen aufgebahrt werden darf. Es ist eine schwierige Situation, denn Abschied nehmen, sollte Zeit haben. Nach dem Tod eines geliebten Menschen überstürzen sich oftmals die Ereignisse, wenn nicht alles vorab geklärt wurde. Viele Angehörige sind dann damit überfordert, kommt doch einiges an Bürokratie und auch an sonstigem auf sie hinzu.

Es ist daher besser, sich in Ruhe und Zeit mit dem Thema Tod und Sterben auseinander zu setzen. Mit seiner eigenen Endlichkeit. Wir schieben es gerne auf die lange Bank, weil dieses Thema in der Gesellschaft einfach noch ein Tabuthema ist. Tod und Sterben darf dies jedoch nicht bleiben, denn der Tod gehört zu Leben wie auch das Sterben. Meine Nachbarin hätte es nicht treffender sagen können, denn wir kommen auf diese Welt, um etwas zu bewegen, etwas zu klären und dann zu sterben.

In meiner Religion gibt es ein Leben nach dem Tod und daran glaube ich auch. Ich denke, wir alle werden so oft wiedergeboren, bis wir unsere Seelenaufgabe erledigt haben. Erst wenn wir diese Aufgabe, wofür wir auf der Erde sind, beendet haben, wird unsere Seele wieder ihren festen Platz haben in einer anderen Welt.

In den Religionen der Welt wird unterschiedlich mit dem Sterben und Tod umgegangen. Jede Religion hat ihre eigenen Ansichten dazu und das ist gut so. Doch im Endeffekt ist es nur eine andere Umschreibung dessen, was wir vielleicht alle denken mögen.

Der Tod ist für uns alle ein Verlust, egal welche Religion wir haben. Als Christ glauben wir an die Auferstehung nach dem Tod. Dies liegt im Glauben an die Osterereignisse. Im Judenteam gibt es die Unterschiede das die konservativen und orthodoxen Juden an die Auferstehung glauben, die Reformjuden jedoch an die Unsterblichkeit der Seele. Im Islam glaubt man auch an ein Leben nach dem Tod. Hier hofft man, dass man in der Nähe von Gott ist. Der Islam sieht den Tod als Übertritt in eine andere Lebensebene. Der Todesengel Izrail soll Körper und Seele voneinander trennen. Wer Gutes getan hat, wird von dem Engel in die sieben Himmel von Gott gebracht. Danach gelangen sie wieder in ihren Körper, womit der Barzach (Zwischenbereich) beginnt. War der Mensch nicht gut im Leben, so gelangt er dem islamischen Glauben nach nur in den ersten Himmel gebracht. Die Seele erhält jedoch keinen Zutritt und kehrt zurück in den Körper und somit in den Barzach. Dort verweilt sie, bis die Seele des Toten vor ein Zwischengericht gestellt wird, wo sie Fragen zum Glauben beantworten muss. Werden die Fragen richtig beantwortet, bekommt die Seele eine Zusage zum Leben im Paradies nach der Auferstehung. Wird die Frage falsch beantwortet, wird die Seele von den Engeln gepeinigt und sie bekommt die Hölle in Aussicht gestellt.

Der Islam geht davon aus, dass am Tag des Jüngsten Gericht alle Toten geweckt werden. Die guten und schlechten Taten werden aufgelistet und auf eine Waage gestellt. Dann müssen alle Toten über eine Brücke gehen, die über die Hölle führt. Die Aussage ist, dass alle Ungläubigen und Sünder in die Hölle stürzen, die Gläubigen gelangen ins Paradies. Auf der Seite www.islam.de finden sich weitere Informationen diesbezüglich. Der Zentralrat der Muslime in Deutschland geht davon aus, das gute Taten zehnfach belohnt werden und schlechte Taten nur einmal bestraft werden. Jeder kann den Himmel betreten, wenn er Gott aufrichtig und reuevoll um Vergebung bittet.

Der Buddhismus und der Hinduismus haben ähnliche Vorstellungen bezüglich des Todes. Beide Religionen sagen, dass das Leben nicht durch Geburt und Tod beschränkt ist. Das Leben besteht aus einer Reihe von Reinkarnationen (Wiedergeburten). Das Karma entscheidet, ob man wieder geboren wird oder nicht. Man wird so oft wiedergeboren, wird als ewiger Zyklus (Samsara) genannt. Er gilt als leidvoll und kann nur durchbrochen werden, wenn das Moksha oder das Nirwana erreicht wird. Dann erlöscht die Seele, weil die Seele die Erlösung findet.

Wie wir sehen, sind sich die Religionen der Welt ähnlich. Während die westlichen Religionen an die Unsterblichkeit glauben, sehen die anderen Religionen das Erlöschen der Seele als die Befreiung an. In ihren Augen ist die Seele nicht unsterblich. Daraus begründet auch, dass wir den Tod sehr unterschiedlich sehen und auch für uns selbst wahrnehmen.

Wie wir mit dem Tod umgehen, hat somit auch ein wenig mit unserer eigenen Kultur und unserem eigenen Glauben zu tun. Auch wenn wir Atheisten sind, so denken wir doch darüber nach, was nach dem Tod passiert.

Ich möchte hier gerne Hermann Hesse zitieren:" Was den freiwilligen Tod betrifft: Ich sehe in ihm weder eine Sünde noch eine Feigheit. Aber ich halte den Gedanken, dass dieser Ausweg uns offensteht, für eine gute Hilfe im Bestehen des Lebens und all seiner Bedrängnisse.» Hermann Hesse †, Schriftsteller

In der Schweiz gibt es zwei Vereine, die Sterbehilfe leisten. Dafür gibt es bestimmte Voraussetzungen, die ein schwerstkranker Mensch erfüllen muss. Viele Menschen melden sich bereits sehr früh an und treten dem Verein bei. Doch nicht alle beschließen am Ende ihres Lebens ihr Leben durch den Exit zu beenden. Jährlich nehmen sich ca. 3500 Menschen durch den Exit das Leben in Begleitung durch speziell ausgebildete Freitodbegleiter. Weitere Informationen zum Exit findet sich auf der Homepage des Vereins. Dort gibt es auch vieles zum Downloaden sowie den Mitgliedsausweis. Es steht jedem Bürger in der Schweiz zu, selbst zu entscheiden, ob er sich beim Exit anmeldet und Mitglied wird. In meiner Zeit in der Schweiz habe ich bereits viele Menschen kennenlernen dürfen, die bei Exit angemeldet sind. Aber wenige, die auch wirklich selbst in den Exit gegangen sind.

Seinen Todestag selbst zu wählen, hat etwas mit Selbstbestimmung zu tun, gerade dann, wenn man schwer erkrankt ist. Für Angehörige ist das Sterben oder der Tod des geliebten Menschen eine große Lücke, die hinterlassen wird.

Gerade daraus ist dieses Buch entstanden. Ich möchte gerne näher auf das Thema Tod und Sterben eingehen. Wir alle werden sterben und eine Lücke für unsere Angehörigen hinterlassen. Damit unsere Angehörigen mit unsrem Tod umgehen lernen können, soll dieses Buch den Tod erklären, aus verschiedenen Perspektiven beleuchten und auch Rituale zum Abschied nehmen geben.

Doch ich möchten auch auf das Thema der Sternenkinder eingehen, denn ich merke auch im Freundeskreis das es immer wieder ein Tabuthema ist. Wie gehen wir als Gesellschaft mit Eltern von Sternenkindern um? Respektieren wir ihren Verlust? Nicht jedes Elternteil fühlt sich gut aufgehoben. Gerade für Mütter ist es ein sehr schwieriges Unterfangen. Sie verliert etwas, was sie zwar spürt und auf Ultraschallbildern sieht, aber noch nicht gesehen und erlebt hat. Für sie ist es umso schwieriger mit dem Thema umzugehen. Der Verlust eines geliebten Menschen. Wie kann man das einer Mutter erklären, die ihr ungeborenes Leben nicht hat in den Armen halten können. Die ihr Kind nicht aufwachsen sieht.

Es ist ein sehr sensibles Thema, wenn Eltern ihr Ungeborenes verlieren. Nicht jeder weiß damit umzugehen. Die ein oder andere prominente Person geht mit dem Verlust in die Öffentlichkeit, weil sie findet das die Trauer ein Thema ist was alle angeht. Hier stellt sich für mich jedoch die Frage, ob es sein muss. Muss ich meiner Fangemeinde dies so zelebrieren? Gehört die Trauer um das ungeborene Kind nicht mir und meiner Familie?

Ich bin hier bewusst etwas provokativ, weil ich nicht möchte das Sie die Augen verschließen. Es kann ihre beste Freundin sein, ihre Nachbarin, ihre Kollegin, die gerade ihr Kind verloren hat oder aber es ist schon einige Jahre her und dennoch fällt es schwer.

Es kann aber auch die Familie sein, die ihren Sohn oder ihre Tochter durch den Unfall verliert und damit nicht umgehen kann. Es ist ein Unterschied, ob wir ältere Menschen begleiten oder aber ein junger Mensch durch den Tod aus dem Leben gerissen wird. Merken Sie die Wortwahl?

Verlieren Eltern ihre Kinder durch einen Unfall, so reißt es in die Familie ein tiefes Loch. Es ist so ein emotionaler Einschnitt, an dem schon manch einer gescheitert ist. Nicht jeder kann darüber reden, weil es nicht jeder gelernt hat mit dem Verlust umzugehen. Diese Zeit ist sehr hart für Eltern, die Trauer ist genauso da wie bei einem Erwachsenen aber die Fragen sind noch viel intensiver, genauso auch die Schuldgefühle, wenn man selbst an dem Unfall beteiligt war.

Kinder zu verlieren ist hart, sie nicht aufwachsen zu sehen, ihr Lachen und ihre kindliche Unbekümmertheit nicht mehr zu erleben ist schwer für Eltern. Eltern brauchen in dieser Zeit sehr viel Zeit und auch Unterstützung. Eltern leiden darunter, wenn die Kinder durch einen Unfall oder eine Erkrankung aus dem Leben genommen werden. Haben wir als Gesellschaft dafür Verständnis? Es kann uns alle treffen ein Kind zu verlieren.

Stirbt ein Kind durch einen Unfall, so stellen viele Eltern am Unfallort ein Kreuz und Kerzen auf. Sie fahren dort hin, um ihrem Kind nahe zu sein. Weil dies der letzte Ort war, an dem ihr Kind gelebt hat. Doch nicht überall ist dies gestattet. An einigen Orten werden Eltern gebeten dies zu unterlassen. Somit nimmt man Eltern die Möglichkeit zu trauern. Einen Ort zu haben, wo sie in Ruhe Abschied nehmen können. Natürlich geht das auf einer Autobahn nicht oder in einer Kurve. Wir sollten Eltern aber die Möglichkeit geben ihnen einen Ort zu geben, wo sie wirklich trauern können.

Trauern muss für Eltern genauso möglich sein wie für Kinder, die ihre Eltern verlieren oder Enkel, die Oma und Opa gehen lassen müssen.

Wir machen uns oftmals darüber Gedanken wie es ist, wenn ein alter Mensch stirbt, aber wir denken weniger darüber nach, wenn ein junger Mensch diese Welt verlässt.

In Zeiten vor Corona gab es Trauer Cafés für alle Trauernden. Dennoch denke ich mir, dass es für Eltern etwas befremdlich erscheint, sich mit älteren Menschen auseinander zusetzen die den Verlust ihres Partners oder ihrer Partnerin betrauern.

Corona hat unsere Zeit, unser Denken und auch unsere Gesellschaft verändert. Vieles hat sich seit dem Bewusstwerden getan, nicht alles zum Positiven.

Auf der Seite www.trauernmitsimon.com gebe ich Trauernden die Chance gemeinsam zu trauern.

Weil ich weiß, wie wichtig es ist, trauern zu können und zu dürfen. Einen Raum zu haben, wo man sich seiner Tränen nicht schämen muss. Aufgehoben in der Gemeinschaft, weil wir mit dem Trauern nicht allein sind. Jede Sekunde stirbt ein Mensch, jede Sekunde kommt irgendwo auf der Welt ein Baby auf die Welt.

Trauer geht auch immer digitaler. Medien bieten Gedenkseiten an, Kondolenzbücher zum Abschied nehmen. Aber dann bin ich in meiner Trauer doch immer noch alleine.

www.trauernmitsimon.com bietet Ihnen ein Forum, einen Austausch mit Betroffenen. Hier kann man schweigen, Fragen stellen, Gedanken austauschen, Jahrestage und Feiertage zelebrieren.

Meine Oma sagte immer "Der Tod verändert das Leben – nicht die Liebe".

In diesem Sinne wünsche ich Ihnen viel Kraft und Mut beim Weiterlesen. Manches mag Ihnen bekannt vorkommen, anderes vielleicht etwas weniger. Sie werden in diesem Buch wiederholt auf leere Seiten stoßen. Dies ist mit Absicht so hinterlegt, weil ich möchte oder mir wünsche, dass Sie sich ihre eigenen Gedanken und Notizen machen. Was ist Ihnen persönlich wichtig? Was brauchen Sie für sich, um zu trauern?

Nehmen Sie sich bitte die Zeit und den Raum, um sich über Ihr Leben und Ihr Sterben nachzudenken. Geben Sie dieses Buch weiter, senden Sie mir eine E-Mail mit Ihrer Empfehlung oder Kritik. Ich weiß, dass ich es nicht jedem recht machen kann. Aber ich denke mir, dass wir uns langfristig alle früher oder später Gedanken machen werden.

Dieses Buch ist für mich an manchen Stellen sehr persönlich geworden und auch ein wenig die Verarbeitung meiner eigenen Trauer. Doch genau das soll Ihnen dieses Buch bringen. Ihre Trauer, Ihr Leben und auch das Weiterleben auf einen Nenner zu bringen.

Unser Leben geht weiter bis zu unserem letzten Tag. Nutzen Sie jeden Tag und leben Sie.

Meine Gedanken zum Thema

Wie sehe ich mein Leben? Wo stehe ich und wo möchte ich hin?

(Raum für eigene Notizen)

Sterben aus seelsorgerischer Sicht

Erst einmal möchte ich mich bei Adrian Bolzern für seine Zeit bedanken, die er mir in einem Interview zum Thema „Sterben aus seelsorgerischer Sicht" mitgeteilt hat.

Adrian Bolzern ist Priester in der Kirchengemeinde Aarau und hat mir offen und ehrlich meine Fragen beantwortet.

Viele von uns fragen sich bestimmt, was passiert in den letzten Stunden im Leben eines Menschen, der weiß, dass er bald sterben wird. Genau das habe ich mich auch gefragt, denn ich habe es sehr oft erlebt, das Sterbende noch die Krankensalbung wollten. Doch nicht jeder Sterbende verlangt danach, wie mir Adrian Bolzern im Gespräch mitteilte. Viele seiner Klienten sind zum Teil nicht mehr ansprechbar, dennoch möchte die Familie noch einmal seelsorgerischen Beistand. Andere Sterbende, die noch klar sind, versuchen bei ihren Angehörigen noch der letzte Anker zu sein, um ihnen den Abschied zu erleichtern.

„Wir alle werden geboren, um zu sterben", dies ist eine sehr gute und sehr intensive Aussage, denn wir kommen wirklich alle auf die Welt. Wir freuen uns immer, wenn ein Kind das Licht der Welt erblickt, aber wir können nicht damit umgehen, wenn ein geliebter Mensch verstirbt.

„Der Tod ist immer noch ein Tabuthema" so Adrian Bolzern. Er führt nicht nur kraft seines Amtes Gespräche mit Sterbenden, sondern begleitet Familien in der ersten Zeit nach dem Ableben. Er nimmt sich die Zeit für Trauergespräche, bespricht mit den Angehörigen die Trauerfeiern und hat sich auch selbst mit dem Thema „Tod und Sterben" auseinandergesetzt.

„In Gesprächen mit den Angehörigen, in der Begleitung Sterbender wird man sich auch seiner eigenen Endlichkeit bewusst. Was möchte man für sich selbst, für seine Eltern und die Geschwister?" Der Tod ist ein ständiger Begleiter. Man weiß nicht, wann er einen trifft, aber man weiß, dass er keinen Unterschied macht ob reich oder arm.

Im Theologiestudium wird auch die Begleitung Sterbender nicht besprochen. Man bekommt kein Handout zum Umgang mit den Angehörigen. Adrian Bolzern hat ganz am Anfang oft nicht gewusst, wie oder was zu tun ist. „Ich hatte zwar mein Büchlein und wollte alles richtig machen, aber es ist mir nicht immer gelungen".

Heute sieht er viele Dinge anders. Die Erfahrung, der Umgang mit Trauernden, die Begleitung von Eltern die ihr Kind verloren haben, durch Unfälle, schwere Erkrankungen oder durch Drogen. Das alles hat ihn geprägt und ihn auch manchmal hinterfragen lassen. Nicht jeder Tod ist selbst für einen Priester verständlich. Gerade dann, wenn ein junger Mensch durch einen Unfall diese Welt verlassen musste. In diesen Momenten fragt auch er nach dem Warum. Manchmal kann man Gott nicht verstehen, warum er den einen bereits in jungen Jahren nimmt, den nächsten sehr alt werden lässt.

Unser Leben ist endlich, das ist auch ihm bewusst. Der Tod ist nicht unser Freund, weil er uns nimmt, was wir lieben.

Wenn ein Mensch in den Exit geht, so wie es hier in der Schweiz erlaubt ist, haben die Menschen die Chance sich noch ausgiebig zu verabschieden. Auch hier begleitet Adrian Bolzern die Menschen. Bereits unser Papst sagte „Wer bin ich, dass ich es mir erlauben kann zu urteilen oder zu verurteilen?"

Stirbt ein Mensch bewusst durch den Exit, so hat er nicht nur Freitodbegleiter, sondern kann seine letzten Stunden so angenehm wie möglich gestalten. Der eine lädt seine ganze Familie zum Abschiedsessen ein, damit alle noch einmal beisammen sind. Der andere macht etwas, was er unbedingt noch einmal machen wollte. Sei es das letzte Eis, die letzte Mahlzeit, der letzte Tanz.

Geht ein Mensch in den Exit, so ist es seine selbstbestimmte Entscheidung. Dieser Mensch hat sich dann dazu entschieden den Tag und die Stunde seines Todes selbst zu bestimmen. Ein Mensch, der in der Schweiz in den Exit geht, wird während dieser Zeit nicht nur seelsorgerisch begleitet, er ist auch in der Stunde seines Todes nicht allein.

Sterben aus seelsorgerischer Sicht. Es sind die letzten Wörter, das Frieden schließen mit sich und seiner Umwelt. Das bewusste Abschiednehmen. „Sterbende fühlen den Tod kommen", sie nutzen die letzte verbleibende Zeit, zum Beichten, zum Scherzen, zum Gehen. Sie wollen ihren Angehörigen den Abschiedsschmerz erleichtern, in dem sie noch einen Spruch auf den Lippen haben oder verständlich machen, dass sie noch immer da sind, dass sie nur einfach ins Nebenzimmer gehen.

Ist der sterbende Mensch nicht mehr ansprechbar, so gab es vor Corona die Möglichkeit des Halbkreises oder Kreises. Hier wurde bewusst Abschied genommen von den Angehörigen. Durch ein letztes Gebet, durch die gemeinsame Zeit, einfach miteinander da sein.

Sterbende spüren, ob sie allein sind oder nicht. Sie werden manchmal ruhig, wenn sie wissen das sie nicht allein sind. Manch einer kann jedoch nicht sterben, wenn ein Angehöriger dabei ist. Dies herauszufinden ist ein schwieriges Unterfangen und erfordert sehr viel Feingefühl.

Und nicht jeden Tod versteht man. Stirbt ein ungeborenes Kind im Mutterleib, fehlen einem nicht nur die Worte, sondern es ist auch schwierig hier Abschied zu nehmen. Sternenkinder haben in unserer Gesellschaft wenig Daseinsberechtigung und die Eltern werden oft nur kurzfristig gestützt. Das findet auch Adrian Bolzern sehr schade. Er hat bereits Eltern von Sternenkindern begleitet und sagt man hat sich dann im Laufe der Zeit aus den Augen verloren. Manchmal würde es doch noch interessieren was aus den Eltern geworden ist und wie es ihnen ein Jahr später oder auch zwei Jahre danach geht.

Geht ein Mensch jedoch in den Freitod, reagieren viele mit Betroffenheit und fragen sich nach dem Warum? Es ist schwierig Angehörige zu begleiten, deren Verstorbene sich durch den Freitod das Leben genommen haben. Eine Erfahrung, die man nicht unbedingt machen möchte, so ist dies doch schwieriger für alle. Trauerfeiern für Menschen nach einem Freitod, Abstand halten und offene Fragen, die keiner beantworten kann. Das ist ein sehr schwieriges Erlebnis und der Schmerz durch den Verlust braucht um einiges länger um verarbeitet zu werden.

Doch noch einmal zurück zu den Sterbenden. Menschen, die eine schwere Erkrankung haben, spüren das Ende ihrer Zeit nahen. Sie haben ernste Fragen, die eine konkrete Antwort brauchen. Schwerkranken Menschen möchten nicht belogen werden. Sie ahnen viel mehr als wir Mitmenschen uns vorstellen können. Sie wissen das ihr Ende naht und das ist für sie ein sehr tiefer Einschnitt. Plötzlich wird all das, was ihnen wichtig war, nichtig. Sie können nichts davon mitnehmen, wenn sie die Welt verlassen. Das macht es umso schwieriger. Der ein oder andere Sterbende reagiert mit Zorn, mit Wut auf das das sein Leben von jetzt auf gleich vorbei sein soll. Andere akzeptieren es und schauen, dass sie alles regeln, was sie noch zu regeln haben. So reagiert jeder Mensch unterschiedlich.

Auch in den Gesprächen, nicht nur mit den Seelsorgern, sondern auch in den Gesprächen mit Familie, Freunden und Bekannten.

Im Rahmen meiner Palliativweiterbildung habe ich einige Menschen kurzfristig begleiten dürfen. Es waren für mich sehr emotionale und auch sehr bewegende Momente. Nicht jeder kann mit seinem Leben abschließen, loslassen und diese Welt verlassen. Es ist schwierig, wenn man an einem Ort ist, der einem sehr viel bedeutet, wenn man die Trauer und den Schmerz in den Gesichtern der Angehörigen wahrnimmt und weiß, dass die Zeit des endgültigen Abschiednehmens gekommen ist.

Für Angehörige ist es schwierig zu sehen und zu erleben wie ein Familienmitglied verstirbt. Es ist schmerzhaft zu erleben, dass man nicht helfen kann. Das man die Schmerzen nicht nehmen kann, sondern nur erleichtern. Als Angehöriger waren auch mir die Hände gebunden. Es gab so vieles was ich hätte machen können oder wollen und dennoch nicht durfte. Für mich persönlich war es eine sehr emotionale Zeit. Von Berufswegen hatte ich einen anderen Blick auf meine Liebsten und dennoch. Es ist so schwierig helfen zu wollen aber nicht zu können. Noch schlimmer ist es, wenn man nicht helfen darf.

In vielerlei Hinsicht bin ich dankbar, dass meine Mutter Begleitung vom Hospizdienst hatte. Das sie lange Gespräche führen konnten. Dass sie mit Ihnen über die Familie reden konnte und ihre Ängste und Bedenken.

Seelsorgerische Begleitung ist auch ein Stückweit die Frage „Was passiert mit meinen Angehörigen, wenn ich nicht mehr da bin?" Ist man jahrelang mit einem Menschen zusammen, hat Familie und erfährt dann auf einmal das man bald sterben wird, widerfahren einen so viel Fragen, soviel Unsicherheiten und auch eine emotionale Achterbahnfahrt. Was passiert, wenn? Wie geht es den Hinterbliebenen, wenn man selbst nicht mehr ist. Wer geht einkaufen und regelt die Finanzen oder versorgt das Haus, wenn man weiß, dass die Frau selbst nicht mehr dazu in der Lage ist. Oder wenn man sieht das der Mann allein zu Hause nicht zurechtkommt.

Einen Sterbenden oder Schwerkranken zu begleiten, das ist mehr als nur dafür da sein. Das ist Halt geben in dieser schweren Zeit. Zeit zum Zuhören geben. Fragen beantworten. Einfach da sein.

Sterbende Menschen wissen, wenn sie sterben werden, sie fühlen ihre Kraft schwinden. Sie fühlen, wenn es immer weniger und weniger wird. Und sie fangen an sich zu besinnen. Sie wenden sich zu, auch wenn ihre Augen geschlossen sind. Sie hören und fühlen, auch wenn wir das vielleicht nicht so wahrnehmen.

Mancher möchte noch die Absolution oder die Krankensalbung, andere möchten ihr Gewissen erleichtern. Manchmal muss man einfach zuhören und da sein. Gemeinsam schweigen und dem Gegenüber auch im Schweigen Respekt zollen.

Sterben in unserer Gesellschaft

In unserer Gesellschaft ist das Thema Sterben und Tod noch bei vielen Menschen mit Tabu behaftet. Zwar wird minütlich gestorben, aber erst wenn wir einen Sterbenden direkt erleben, fangen wir an uns Gedanken darüber zu machen. Sterben ist ein eigenes Kapitel, denn der Tod kann ganz plötzlich kommen und über das intakte Familienleben hereinbrechen.

Ich habe im Laufe meiner Jahre vieles erlebt, die Verneinung des Sterbens, das nicht wahrhaben wollen und vieles mehr. Ich habe Menschen getroffen, die einen Suizid versucht haben. Menschen, die aufgrund von Erkrankungen Qualen leiden mussten oder aber nicht loslassen konnten.

Sterben ist nicht einfach. Sterben ist für uns Menschen ein Prozess, den wir nicht verstehen können oder auch wollen. Den wir nicht nachvollziehen können, weil Sterben unweigerlich zum Tode führt.

Für uns Menschen ist es einfacher, uns mit dem Thema Leben und Geburt auseinander zu setzen, weil sich jeder mit einem freut, wenn ein neues Leben in die Welt gesetzt wird.

Verliert man aber einen geliebten Menschen, fehlen der Gesellschaft, den Freunden, den Kollegen oftmals die Worte. Wir wissen damit nicht umzugehen, weil wir alle es nicht gelernt haben. Die wenigsten von uns haben einen freien Umgang mit dem Thema Sterben. Wir alle wissen, das Sterben zum Leben dazu gehört, aber wir verdrängen es, bis uns Tag X selbst begegnet, wenn ein nahestehender Mensch verstirbt.

Ich verstehe es nicht, warum wir als Gesellschaft aus dem Thema noch immer so ein großes Tabuthema machen. Wollen wir uns mit unserer eigenen Endlichkeit nicht auseinandersetzen? Lehnen wir es ab, weil das Thema so endgültig ist?

Warum wollen wir als Gesellschaft den Tod nicht akzeptieren und warum macht es uns so viel aus?

Was ist der eigentliche Grund dafür, dass wir damit nicht umgehen können oder wollen? Liegt es daran, dass wir es von Kindesbeinen an nicht lernen? Oder was macht es aus?

Sterben ist nicht einfach, doch wir alle werden im Laufe unseres Lebens mehreren Menschen begegnen, sie vielleicht begleiten oder von ihrem Tod erfahren. Egal wie sie verstorben oder gestorben sind. Ich weiß noch, dass wir in der Ausbildung lange und breit darüber diskutiert haben, ob es gestorben oder verstorben heißen muss.

Zu Beginn meiner Ausbildung, als ich das erste Mal offiziell mit dem Sterben konfrontiert wurde, war es in vielen Einrichtungen oder Krankenhäusern üblich, das Sterbende allein gelassen wurden oder in die Badezimmer abgeschoben wurden. Ich habe einmal eine alte Dame betreut und bin bei ihr geblieben bis zur Stunde ihres Todes und habe ihre Hand gehalten, weil ich fand das keiner allein sterben muss. Ich weiß, dass meine Stationsschwester damals damit überhaupt nicht einverstanden war, weil sie meinte es würde eh nicht mehr lange dauern, bis die Dame das Zeitliche segnen würde.

Bereits damals habe ich mich gefragt ob man als Mensch allein sterben muss und auch heute knapp dreißig Jahre später sage ich Nein. Kein Mensch muss alleine sterben, sofern wir die Möglichkeiten haben dabei zu sein.

Ich weiß nicht, wie oft ich die Hand des Sterbenden gehalten habe, gespürt habe, wenn die Kälte kommt und selbst sich auf meine Hand legt. Manche Dinge oder auch Momente waren mir persönlich sehr unangenehm. Nicht alles was ich gesehen habe oder erlebt, möchte ich aus Respekt vor den Toten wiedergeben.

Sterben ist ein eigener Prozess, gerade bei Patienten mit schweren Erkrankungen, bei Dementen dauert es oft Jahre, bei Patienten, die erfahren das sie nur noch kurze Zeit zu leben haben, laufen unterschiedliche Prozesse im Denken und Leben ab. Keiner von uns kann ganz genau herausfiltern wann das eigentliche Sterben beginnt. Beginnt es in dem Moment, wo der Schwerkranke beschließt das es für ihn Zeit ist zu gehen? Ist es der Moment, wenn er mit sich selbst im Reinen ist?

Ich denke es gibt genügend wissenschaftliche Abhandlungen, die einem vielleicht genauere Auskunft darüber geben können oder wollen. Doch wie sehen wir das ganze? Wann beginnt für einen selbst das Sterben eines nahen Angehörigen? Des Partners oder der Partnerin? Der Eltern oder Großeltern?

Was macht das Sterben aus? Sie sehen liebe Leser es gibt viele Fragen, aber nicht auf alle Fragen eine Antwort.

Natürlich kann man das Sterben im Internet Googlen, versuchen zu verstehen, aber das Sterben werden wir auch durch Sterbeforscher oftmals nicht verstehen. Inzwischen kennt man die Prozesse, die körperlich beim Sterben ablaufen. Aber warum machen uns diese dann so Angst?

Vielleicht fragen Sie sich auch gerade hier an dieser Stelle, warum hier so viele Fragen in dem Buch auftauchen? Diese Frage kann ich gerne beantworten, weil ich selbst auch viele Fragen habe und weil ich finde, dass wir Antworten auf unsere Fragen möchten. Nicht alle Fragen dieser Welt können wir erklären oder auch verstehen. Nicht jede Antwort würde uns gefallen. Wir denken also sind wir. Wir leben, also sterben wir. Verstehen Sie was ich meine? Wir können das ganze auch philosophisch betrachten. Aber würden wir das so wollen?

Im Spitalalltag, bei der Begleitung von sterbenden Menschen kommt oftmals die Frage auf was wirklich beim Sterben passiert. Viele Angehörige sind verunsichert, weil sie nicht wissen, was sie machen dürfen oder auch können. Gerne möchte ich hier näher darauf eingehen, denn als Angehöriger ist es mir wichtig, dabei zu sein, auch wenn es mir schwerfällt. Leider hatte ich persönlich bei meinen eigenen Eltern nicht die Möglichkeit dazu bis zur letzten Minute dabei zu sein. Dieses fehlt mir, aber ich kann die Zeit nicht zurückdrehen.

Wenn Sie die Chance bekommen, nehmen Sie sie dankbar an. Aus der Begleitung von Sterbenden weiß ich das es schwierig ist, aber es ist so wichtig für das eigene Abschied nehmen.

Den Menschen, die wissen das Sie bald sterben werden. Nehmen Sie sich die Zeit, hinterlassen sie einen Gruß für die Angehörigen für die Zeit nach ihrem Ableben. Sei es eine Sprachnachricht, eine Videobotschaft oder ein geschriebener Brief. Etwas was ihre Angehörigen noch an Sie erinnert. Damit wird das Leben nach dem Tod für die Angehörigen leichter, denn sie haben etwas, was sie für immer mit ihnen in Verbindung bringt.

Wir leben in einer digitalen Welt. Ich denke es wird auch immer mehr kommen, dass Menschen Nachrichten hinter Lassen werden für Ihre Angehörigen, für die Kinder und Enkel. Für die Hochzeiten oder Geburten denen man nicht mehr beiwohnen kann. Für die Einschulung, den Schulabschluss oder auch die erste Beziehung.

Unsere Gesellschaft ist im Wandel. Warum also auch nicht in der Trauerzeit neue Wege gehen. Abschiede sind unumgänglich. Aber wir haben heute die Chance Grüße zu hinterlassen für die die nach uns kommen. Damit können wir unseren Angehörigen die Trauer erleichtern und das Abschiednehmen. Sie bekommen etwas an die Hand, was sie jederzeit ansehen oder anhören können.

Leider sind viele Spitäler noch nicht bereit dazu neue Wege zu gehen oder es dem Sterbenden zu ermöglichen eine Nachricht zu hinterlassen. Das ist sehr schade, aber ich kann mir schon vorstellen, dass man irgendwann bereit dazu ist neue Wege zu beschreiten.

Unser Leben hat sich in den letzten Jahrzehnten massiv gewandelt, wie auch unser Denken. So werden wir irgendwann auch bereit sein, neue Wege zu gehen, Wege, an die wir jetzt vielleicht noch nicht denken mögen. Wir sind weiterhin in einem Prozess der Digitalisierung. Wie sich die Gesellschaft verändert hat, hat sich auch unsere Sterbekultur geändert.

Früher ist man zu Hause gestorben. Heute findet das Sterben in den meisten Fällen im Spital oder im Pflegeheim statt. Wir können mit dem Tod nicht umgehen, weil er ein Tabuthema geworden ist. Der Tod ist zwar allgegenwärtig, aber er hat in unserer Zeit keinen Platz mehr. Er wird verdrängt, bis er einen unserer Liebsten aufsucht. Erst dann wird einem wieder bewusst, wie kurz unser Leben doch sein kann.

Es gibt sehr viele Berichte darüber, dass sich auch unsere Bestattungskultur einem Wandel unterzogen hat. Nicht mehr alles wird heute so gemacht wie noch vor zehn oder zwanzig Jahren. Die Menschheit entwickelt sich weiter. Wir entwickeln uns weiter.

Vor Jahren noch gab es bestimmte Bestattungsforme, dies hat sich alles geändert. Stirbt heute ein Mensch, können die Angehörigen aus einer Vielzahl von Bestattungsformen wählen. Viele ältere Menschen wünschen sich inzwischen eine Kremierung und ein Urnengrab. Nicht jeder möchte das seine Familie das Grab pflegen muss. Manch einer sieht seine Asche nach seinem Ableben verstreut. Hier hat sich ein massiver Einschnitt in der Gesellschaft vollzogen. Ein jeder von uns wird irgendwann darüber nachdenken müssen, wie er bestattet werden mag oder die Angehörigen werden entscheiden.

Die Bestattungskultur hat sich weiterentwickelt. Es ist zwar noch nicht alles gestattet, aber es wird sich in den nächsten Jahrzehnten weiter verändern.

Inzwischen gibt es so viel Formen der Bestattung, das man sich wirklich Gedanken machen sollte. Was möchte ich für mich später? Man kann bereits heute vorsorgen, um es dann Angehörigen später einfacher zu machen.

Es ist einfacher gesagt, aber wer weiß von uns heute, was in dreißig Jahren sein wird. Welche Bestattungsformen dann noch aktuell sind. Vieles hat sich im Laufe des Lebens verändert. Nicht alles ist perfekt.

Friedhöfe galten früher als Ort des Abschiedes. Die Angehörigen hatten die Möglichkeit die letzte Ruhestätte aufzusuchen, wann immer sie wollten.

Sie gelten heute noch als Ruheort. Als Ort des stillen Gespräches, zum Nachdenken, zum Eins sein und um dem Verstorbenen nahe zu sein.

Wurde ein Mensch auf dem Friedhof bestattet, so ging diesem immer ein religiöser oder weltlicher Ritus voraus. Siehe hier auch das Kapitel Trauerrituale. Hier gehe ich näher darauf ein.

Im Kapitel Sternenkinder bin ich separat darauf eingegangen. Es ist ein eigenes Thema, zu dem bereits viel geschrieben wurde. Wo es für Eltern viele Informationen zu gibt und dennoch ist es etwas anderes.

Hier gibt es glücklicherweise auch inzwischen einen Quantensprung in der Entwicklung und im Umgang. Nicht für alle ist es ein Thema worüber gerne gesprochen wird. Ich kann es mir sehr gut vorstellen, dass es für Eltern ein sehr heikles Thema ist. Ein Thema, worüber man nicht gerne spricht. Man nicht weiß, wie man den Eltern gegenübertreten soll.

Für manche Leser gehört das Thema Sterben nicht zum Leben, ganz besonders dann nicht, wenn ein Haustier stirbt. Bitte bedenken Sie jedoch, auch Tiere sterben und für manch einen von uns sind Haustiere der Ersatz, Seelenpartner oder Wegbegleiter. Verurteilen Sie bitte nie, wenn ein Mensch wegen seinem Haustier trauert. Haustiere sind so viel mehr in unserm Leben.

Haustiere sind für viele von uns mehr. Wer keine Tiere hat, wird es nicht unbedingt nachvollziehen können. Stirbt der Hund, die Katze oder das Meerschweinchen, so trauern wir Menschen genauso wie bei einem anderen Menschen. Zum Glück für uns Tierbesitzer hat sich hier eine eigene Sterbe- und Trauerkultur gebildet. Zwar gilt die Trauer für ein Haustier als inakzeptabel, so ist sie aber dennoch vorhanden.

Inzwischen gibt es immer mehr Tierbestatter. Menschen, die Tierbesitzer auf ihrem Weg begleiten, wenn das eigene Tier stirbt. Menschen, die nachvollziehen können wie es ist, wenn der Hund oder die Katze stirbt.

Die einen auf dem letzten Weg des Haustiers begleiten, zuhören und da sind. Die einem die Möglichkeit zum Abschied nehmen geben. Hier hat auch in den letzten Jahren ein Umdenken stattgefunden. Stirbt das Haustier ist man nicht mehr allein, sondern bekommt die Chance das Tier ordentlich zu beerdigen, wobei hier nicht die klassische Beerdigung gemeint ist, die wir vom Menschen her kennen.

Tierbestatter arbeiten mit Krematorien zusammen. Man kann sein Haustier nach der Einäscherung wieder mitnehmen oder auf einem Tierfriedhof bestatten. Viele Menschen wollen jedoch ihr Haustier wieder mit zu Hause haben. Daraus hat sich ein Geschäftsmodell entwickelt. Es gibt viele verschiedene Urnen, es gibt die Möglichkeit des Pfoten Abdrucks oder der Halskette mit etwas Asche des verstorbenen Tieres.

Haustiere haben für viele Menschen eine sehr enge und auch intensive Bedeutung. Für manch einen ist es der Partnerersatz im Alter oder der wirkliche Wegbegleiter. Haustiere gehören zur Familie, sie sind ein Teil von uns. Daher dürfen wir uns auch trauern denn sie sind ein Teil unseres Lebens. Wir haben sie kurz oder länger, je nachdem wann wir das Tier bekommen. Sie begleiten uns und auch dann, wenn sie sterben, sind sie so lang bei uns, bis wir sie loslassen können und dann warten sie am Ende der Regenbogenbrücke.

Was wünsche ich mir für mich und meine Angehörigen?

(Notieren Sie hier Ihre Gedanken und Gefühle)

Sterben und Sterbebegleitung aus pflegerischer Sicht

Ich habe in all den Jahren meines Berufslebens in der Pflege öfters mal den Spruch anhören dürfen, dass uns Pflegekräften Tod und Sterben ja nichts anhaben kann, da er für uns zum Alltag gehört. Sterben und auch die Sterbebegleitung gehört natürlich zu meinem Beruf, aber sie ist für mich nicht selbstverständlich.

In jungen Jahren, während meiner Ausbildung und die ersten Jahre danach, hatte der Tod für mich eine andere Bedeutung. Liegt wohl darin begründet, das junge Menschen mit dem Tod anders umgehen. Im Laufe meines Berufslebens hat sich meine Weltanschauung zum Thema Sterben und Tod im Krankenhaus grundlegend gewandelt, so wie auch meine Einstellung zum Leben.

Auch im Krankenhaus oder im Spital, wie sie hier in der Schweiz sagen, ist das Sterben sehr unterschiedlich. Auf einer Intensivstation läuft Sterben anders ab als auf einer Palliativstation.

Gerade jetzt zu Corona Zeiten ist das Sterben auch gesellschaftlich in den Wandel geraten. Vielerorts sind wir Pflegekräfte die letzten, die ein Sterbender sieht. Nicht überall dürfen die Angehörigen dabei sein oder Abschied nehmen. Sterben hat eine andere Bedeutung bekommen auf dieser Welt und es wird wieder vermehrt alleine gestorben. Nicht jede Pflegekraft ist bereit dazu, einem Sterbenden die Hand zu halten oder dabei zu sein. Für viele ist der Tod etwas Beängstigendes. Er kommt auch in unseren Diensten nicht immer als Vorankündigung. Nicht jeder unserer Patienten ist sterbend. Manch einer wird auch bei uns im Spital vom Tod im Schlaf überrascht.

Wenn wir jedoch sehen das ein Mensch aufgrund seiner Diagnose bald versterben wird, geben wir ihm und den Angehörigen das bestmögliche, um ihnen den Abschied und das Loslassen zu erleichtern. Sterben ist nicht einfach, denn nicht jeder hat mit seinem Leben abgeschlossen und bei dem ein oder andren ist noch etwas offen, was ihm den letzten Weg erschwert. Es kommt sehr oft vor, dass ein Mensch, der weiß, dass er bald sterben wird, noch einen letzten Wunsch hat. Nicht jeder Wunsch kann erfüllt werden leider. Zwar haben sich inzwischen die Wünsche Wagen etabliert, aber in Zeiten von Corona dürfen und werden diese zum Teil nicht in Anspruch genommen.

Manche Wünsche können wir direkt erfüllen. Bei einigen sind uns leider die Hände gebunden, weil es der Arzt nicht für gutheißt oder gut befindet, es nicht machbar ist aus medizinischen Gründen. Es ist so unterschiedlich der letzte Wunsch des sterbenden Menschen.

Ich habe viele Menschen in den letzten Stunden und Tagen ihres Lebens begleitet, mit einigen auch gesprochen. Einige waren noch ansprechbar, andere wiederum waren durch Medikamente schlafend gelegt. Manche hatten Angst vor dem Tod, andere wiederum hatten das Gefühl, das es nicht schnell genug ging, weil sie keine Schmerzen mehr wollten. Sie alle wussten das der Tod sie abholt und sie endlich nach Hause können.

Wenn ein Mensch im Sterben liegt, verändert sich seine Wahrnehmung, der Mund wird trocken, manche dämmern vor sich hin oder schlafen. Andre wiederum sind sich der letzten Stunden bewusst und möchten noch einiges klären bevor sie die Augen schließen. Die Facetten sind so vielreich, wie der Mensch auch. Eine meiner Patienten wollte in Ruhe Abschied nehmen von ihrem Hund. Leider sind Hunde in den Spitälern nicht gestattet und es gestaltet sich oftmals schwierig hier dem letzten Wunsch nachzukommen. Aber wenn das Team das richtige ist, kann man auch diesen letzten Wunsch erfüllen. Ein anderer Patient wollte mit der Asche seines Hundes verstreut werden. Ob diesem letzten Wunsch nachgekommen wurde, kann ich leider nicht sagen.

Sind wir älter, wenn wir sterben, so heißt es haben wir genug gelebt und wir dürfen sterben. Sterben wir jung, hatten wir noch ein Leben vor uns. So geht es vielen meiner Kollegen auch. Manchmal sehen wir junge Menschen auf ihren letzten Tagen, manchmal haben wir ältere Menschen oder schwerkranke mittelalte Menschen die unheilbar erkrankt sind.

Für uns Pflegekräfte ist der Tod auch das Ende des irdischen Daseins. Nicht jeder den wir begleiten hat einen angenehmen Tod. Einige Menschen legen sich hin zum Sterben, bei andren kann der Tod einige Tage dauern, bis er eintritt.

Einen sterbenden Menschen zu pflegen ist für uns eine besondere Situation, eine Aufgabe, die uns auch an unsere eigenen Grenzen bringt. Die uns die eigene Endlichkeit vor Augen führt. Das sind Momente, wo ich mich als Pflegekraft frage wie ich selbst sterben möchte. Kann ich dem Sterbenden gerecht werden oder gebe ich ihm etwas was ich vielleicht möchte, aber für ihn so nicht in Frage kommen würde.

Als Pflegekraft muss ich mich auch mit meinem eigenen Sterben auseinandersetzen. Wie möchte ich gepflegt werden, wenn ich sterbe? Was möchte ich vielleicht in den letzten Stunden meines Lebens?

Sterbende Menschen zu pflegen ist eine Herausforderung an eine Pflegekraft. Jeder Tod ist einzigartig und mit ihm stirbt ein Mensch, der so individuell ist wie sein Sterben.

In den letzten Stunden hilft es vielen, wenn die Angehörigen dabei sind, aber dies ist nicht bei allen so. Manch einer der stirbt, möchte seinen Angehörigen den Anblick des Sterbens ersparen.

Wir Pflegenden sind auch nicht immer beim Sterben dabei. Wir versuchen es jedoch zu ermöglichen das keiner alleine sterben muss.

Ich habe einmal das Mittagessen ausfallen lassen, um bei einer älteren Dame zu sitzen, die ihre Angehörigen die fünf Tage an ihrem Bett saßen zu begleiten in den letzten Stunden ihres Lebens. Es war Samstagmittag und die alte Dame wollte unbedingt das die ganze Familie zum Essen bzw. Einkaufen ging. Es gab lange Gespräche mit der Familie, bis diese damit einverstanden war. Kurz nachdem sich die Familie von ihrer Mutter und Oma verabschiedet hatte und zum Essen gegangen sind, schloss die Dame in meinem Beisein die Augen. Es war für mich in jungen Jahren ein sehr komisches Gefühl dabei zu sein und die Angehörigen beim Essen zu wissen. Die Dame hatte nach dem die Angehörigen weg waren nicht mehr viel gesagt. Sie hat kurz danach ihre Hand noch in meine gelegt und ist nach wenigen Minuten verstorben.

In jungen Jahren war dies für mich sehr befremdlich und auch ich habe im Laufe meines Berufslebens mit dem Thema Sterben und Tod umgehen lernen müssen. Natürlich habe auch ich so Tage, wo mir das Thema etwas ausmacht oder ich selbst Bedenken davor habe.

Dadurch das immer mehr Menschen auch im Krankenhaus oder Spital versterben ist es für Pflegende ein unabdingbarer Prozess, daran teilzuhaben, zu begleiten und anzuleiten. Als Schüler war es für mich unbegreiflich, weil ich zwar wusste das es den Tod gibt, aber mir nicht wirklich Gedanken darüber gemacht habe. In jungen Jahren sieht man den Tod noch mit anderen Augen.

Schüler sollte man in der Betreuung und Pflege von Sterbenden nicht allein lassen. Sie brauchen Anleitung und Begleitung, denn nicht jeder kann mit diesem Thema umgehen. Es gibt den ein oder andern, der aufgrund dieses Themas, weil er damit nicht umgehen kann den Beruf gewechselt hat.

Sterbebegleitung ist eine Herausforderung an uns Menschen. Palliativpflege ist Sterbebegleitung, denn wir begleiten nicht nur den Sterbenden, sondern auch die Angehörigen. Wir fangen jeden dort auf, wo er geradesteht. In einzelnen Gesprächen mit dem Sterbenden und auch den Angehörigen können wir die Wünsche des Kranken erkennen und dementsprechend schauen, dass wir die letzten Wochen, Tage und Stunden so angenehm wie möglich machen. Doch auch wir können nicht zaubern. Wir können Schwerkranken die letzten Tage und Wochen so angenehm und schmerzfrei wie nur möglich machen. Seinen letzten Weg muss jeder von uns gehen. Wir können begleiten, aber wir können den Weg nicht abnehmen.

Wir unterstützen, können die Hand halten, die Schmerzen reduzieren oder gar schmerzfreie Stunden schaffen. Die Lippen und den Mund anfeuchten, die Hand halten. Miteinander beten und schweigen.

Wir können einfach anwesend sein oder noch etwas vorlesen, wenn wir uns die Zeit nehmen. Unsere Aufgabe kann so unterschiedlich sein und dennoch ist sie gleich. Wir alle sind dabei, wenn es um die letzten Atemzüge geht. Zwar ist es nicht für jeden selbstverständlich, aber es ist eine Form des Respektes sich in diesen Minuten nicht abzuwenden.

Sterbende zu begleiten ist nicht einfach. Je nach Erkrankung kann es ein sehr langwieriger und kräftezehrender Prozess sein. Denn wir begleiten nicht nur den Sterbenden, sondern auch seine Angehörigen in den letzten Tagen und Wochen seines Lebens. Während der Sterbende weiß, das seine letzten Stunden geschlagen haben, haben Angehörige oftmals noch die Hoffnung das sich vielleicht doch noch alles zum Guten wenden kann. Mancher verschließt die Augen davor und will es oftmals nicht wahrhaben, wenn die eigenen Eltern versterben.

Für uns Pflegekräfte ist dies eine Herausforderung, sie ist nicht einfach und manchmal weiß, man auch einfach nicht mit der Situation umzugehen. Auch wir haben das Recht zu sagen das uns je nach Sterbedauer und Intensität auch das Ganze belastet. Es wird uns zwar sehr oft von der Gesellschaft abgesprochen, aber auch wir dürfen Gefühle zeigen.

Weint eine Krankenschwester, weil sie sehr belastende Wochen erlebt hat, so empfinden das viele Menschen als nicht korrekt, weil wir ja berufsmäßig darüberstehen müssen. Haben wir jedoch einen Menschen palliativ in den letzten Wochen seines Lebens begleitet, so denke ich steht uns auch das Recht zu Tränen der Trauer zu haben. Auch wir nehmen gerade in den palliativen Situationen Abschied von einem Menschen, mit dem wir in den letzten Wochen einen sehr intensiven Kontakt hatten.

Wir sind dabei, wenn dieser Mensch seine letzten Atemzüge macht, wenn er die Augen für immer schließt. Oftmals, wenn die Angehörigen unsere Anwesenheit haben möchten, sind wir die ersten, die dem Verstorbenen die Augen schließen und den Angehörigen unser Beileid ausdrücken. Ist die Situation familiärer, weil man den Verstorbenen schon länger kannte, so ist auch das in den Arm nehmen nicht ganz fremd.

Es gibt Tage, da fehlen einem die Worte, weil man nicht weiß, was man den Angehörigen sagen soll. Weil es Momente gibt, da fühlt sich ein „Mein Beileid" einfach nicht richtig an. Wo es befremdlich erscheint, die Angehörigen in den Arm zu nehmen und so das Mitgefühl auszudrücken. Auch für Pflegekräfte ist es trotz Schulung nicht einfacher die passenden Worte zu finden.

Es gab auch bei mir immer wieder mal Augenblicke, da fehlten mir einfach die Worte. Da hatte ich selbst Tränen in den Augen, weil ich nicht wusste, was ich sagen sollte. Wenn Kinder ihre Eltern verlieren, ist es auch für mich als Pflegekraft keine alltägliche Situation. Es ist anders, wenn ein älterer Mensch stirbt, bei dem viele sagen würden, dass er genug gelebt hat.

Stirbt hingegen ein junger Mensch unter unseren Händen, so ist die ganze Situation viel komplexer. Viele meiner Kollegen sind so an ihre Belastungsgrenzen gekommen, weil sie Menschen an und mit Corona haben sterben sehen. Manchmal zwei oder drei in einer Schicht. Wo sich der Allgemeinzustand innerhalb von Stunden komplett verändert hat. Corona hat auch uns Pflegekräften gezeigt, dass das Sterben enttabuisiert werden muss. Stirbt ein Mensch an oder mit Corona, so ist es auch für uns Pflegekräfte etwas anderes. Stirbt ein Mensch auf Intensivstation ohne Angehörige, stehen wir auch da nicht immer drüber. Manch einer von uns Pflegekräften fühlt sich wort- oder hilflos.

Wir finden auch nicht immer die passenden Worte. Manchmal hüllen wir uns in Schweigen, weil wir einfach nicht wissen, was wir sagen können oder weil ein „Mein Beileid" in dem Moment unpassend wäre.

Wir Pflegekräfte sind keine Götter in Weiß. Wir sind Menschen wie Du und Ich. Wie wir alle. Dem Tod ist es egal welchen Beruf du hast oder wie alt du bist. Der Tod kennt kein Pardon. Er nimmt uns unsere Liebsten und kommt auch uns irgendwann holen.

Wir reden nicht über den Tod, weil er uns Angst macht. Diese Erfahrung machen Pflegekräfte wie ich sehr oft. Auch in der Gesellschaft hat das Thema Tod keinen Stellenwert. Er wird tabuisiert, bis der Tag kommt und einer aus dem Familienkreis stirbt. Erst dann wird uns wieder bewusst, was so wichtig im Leben ist. Das Leben selbst.

Sterben aus pflegerischer Sicht ist nicht immer angenehm. Oft kann es sehr anstrengend und auch belastend für die Pflegekräfte sein. Gerade in der Langzeitpflege, wo man über die Jahre hinweg eine Beziehung aufgebaut hat, kämpft man doch damit, wenn ein zu Pflegender verstorben ist.

Zwar bekommen wir doch sehr oft gesagt das wir darüberstehen sollten und auch müssen, aber ich denke, wir haben das Recht auch die ein oder andere Träne zu vergießen.

Sterbende zu begleiten, ist auch für Pflegekräfte ein Lernprozess. Jeder Mensch stirbt anders, jeder Angehörige reagiert anders auf den Verlust seiner Liebsten. Gerade junge Menschen in der Pflege oder auch Praktikanten brauchen einen Halt. Sterben sehr viele Menschen wie in der Anfangszeit von Corona, so ist es doch für alle eine sehr belastende Situation, das steckt keiner so einfach weg.

Im Rahmen meiner Palliativweiterbildung haben ich zwei ältere Menschen auf ihrem Weg begleiten dürfen und dafür bin ich sehr dankbar. Nicht nur, weil ich mich sehr gerne unterhalte, sondern weil man so wirklich merkt wie unterschiedlich die Menschen doch sind.

Zufriedenheit im Alter ist ein kostbares Gut. Bei dem ein oder anderen wirken noch die Erfahrungen aus dem Leben nach. Nicht jeder alte Mensch kann einfach loslassen und sich von dieser Welt verabschieden. Der eine hat noch vieles zu klären und zu besprechen oder ist mit sich selbst noch nicht im Reinen und kämpft. Dies ist schwierig für Pflegekräfte aber auch für Angehörige mit anzusehen, wenn man sieht das ein Mensch kämpft in den letzten Wochen seines Lebens, man aber nicht weiß, was sein Problem ist. Hier sind viele Gespräche mit den Angehörigen nötig, um vielleicht die Ursache zu finden. Oft ist es ein Familienstreit, der das Loslassen auch des Sterbenden vereitelt.

Sterbende, nicht jeder hat Angst vor dem was auf ihn zukommt. Der ein oder andere ist mit sich und der Welt im Reinen und geht mit gutem Gewissen. Wir sehen also, der Tod ist so unterschiedlich wie wir Menschen.

Wie mit dem Suizid eines geliebten Menschen umgehen?

Ein Kapitel was ich eigentlich erstmal nicht mit aufnehmen wollte, war das Thema Suizid und wie man damit umgeht.

Das Thema ist ein sehr komplexes Thema, weil es sehr viele Facetten hat, die hier den Rahmen sprengen würden. Dennoch habe ich das Thema auf Wunsch einer Freundin hinzugefügt.

Beruflich gesehen war für mich 1998 das Jahr der Suizide, ich habe nie so viel Menschen an einem Suizid versterben sehen im Krankenhaus wie in dem Jahr. Dabei waren die Formen des Suizides sehr unterschiedlich und es stellte sich immer wieder die Frage „Warum geht ein Mensch in den Suizid?"

Die Antwort darauf kann einem leider keiner geben, denn nicht jeder, der einen Suizid begeht, schreibt vorher einen Abschiedsbrief. Bei manchen Menschen hat man das Gefühl, das es vielleicht eine Kurzschlussreaktion war. Andere planen ihren Abschied schon länger. Man kann nicht in den Kopf seiner Mitmenschen schauen, nicht urteilen aus welcher Verzweiflung sie sich ihr Leben nehmen.

Ich möchte den Suizid nicht beschönigen, für die Angehörigen ist es schlimm, wenn sich einer ihrer Liebsten das Leben nimmt und keiner weiß, warum er das getan hat.

Wie groß muss die Verzweiflung in einem Menschen sein, dass er auf eine bestimmte Art und Weise aus dem Leben tritt? Wir werden die Antworten nicht kennen lernen und das macht das Thema umso komplexer für die Angehörigen.

Vielleicht macht man sich dann Gedanken darüber was wohl die Nachbarn sagen, wenn der Vater oder die Mutter in den Suizid gegangen ist oder das Kind die Pistole des Vaters nimmt und sich zu Hause erschießt.

Merken Sie etwas? Das Thema ist sehr schwer und auch nicht zu greifen. Psychologisch gesehen braucht es eine besondere Zeit der Aufarbeitung neben der Trauer, denn wir können die Fragen, die wir haben uns selbst nicht beantworten.

Geht einer aufgrund einer sehr schwerwiegenden Depression in einen Suizid oder aufgrund einer hohen Verschuldung aus dem er keinen Ausweg mehr sieht. Die Gründe, aus denen ein Mensch den Suizid wählt, sind so vielfältig und für die Dagebliebenen nicht nachvollziehbar.

Wir fragen uns hinterher ob wir etwas hätten merken können, ob wir es nicht wahrgenommen haben, dass sich der Freund oder die Freundin oder ein Elternteil verändert hat.

Manchmal sind dies so kleine schleichende Prozesse, die man nicht bewusst mitbekommt und das Ganze erschwert die Situation.

Stirbt ein Mensch durch seine eigene Hand, stehen wir fassungslos daneben, weil wir es lange nicht verstehen werden. Vielleicht werden wir es auch nie verstehen.

Die Todesrate aufgrund von Suiziden ist seit Corona und der Vereinsamung gestiegen. Es kommen viele Faktoren hinzu. Manch einer fragt sich, ob dieser Mensch, der sich das Leben genommen hat, psychisch vielleicht nicht stabil war. Wir werden es nicht wissen.

Wir können darüber spekulieren, aber es ändert nichts mehr an der Tatsache, wenn ein Mensch einen Suizid vollzogen und sein Leben beendet hat.

Doch wie damit umgehen? Viele von uns plagen jahrelang Schuldgefühle, weil sie sich eine Teilschuld am Tod des geliebten Menschen geben. Aber wir sind nicht schuld. Weil wir nicht wissen, warum es passiert ist. Nicht immer redet ein Mensch der einen Suizid plant darüber. Vielleicht sendet der ein oder andre Signale vorab schon aus, weil er bereits so verzweifelt ist, dass er gar nicht mehr weiter weiß.

Die Trauer bei einem Menschen, den wir durch einen Suizid verloren haben, ist nichts anderes als die Trauer gepaart mit Fragen, mit Schuldgefühlen und das ständige Gedankenkreisen in den ersten Wochen nach dem Tod des Menschen.

„Wo habe ich es nicht gesehen oder gespürt?", „Warum hat man sich nicht geöffnet?" das sind so Fragen, die einen neben der Trauer um einen geliebten Menschen beschäftigen.

Es ist schwer mit einer solchen Form des Verlustes umzugehen. Nicht nur weil man das Gefühl hat, vielleicht versagt zu haben oder man denkt das man es hätte sehen müssen. Es ist zu komplex, weil wir nicht in den Menschen reinfühlen können. Weil wir nicht wissen welche Gedanken er hatte.

Nicht jeder Suizid ist eine Kurzschlussreaktion. Manch einer plant seinen Suizid und schreibt einen langen Abschiedsbrief. Die Medien sind immer wieder voller Berichte, wenn eine Mutter sich und ihre Kinder getötet hat oder ein Pilot sich und seine Fluggäste mit in den Tod nimmt.

Ist dies der Fall, so werden Fragen gestellt, man versucht die Psyche des Menschen zu hinterfragen, aber für die Trauernden ist das nicht befriedigend. Hier geht es um Familien, die ihr Leben gelassen haben, um den Sohn von Eltern, die danach nicht mehr in Ruhe weiterleben können, weil sie Drohungen erhalten.

Suizide sind so individuell wie der Mensch ist, diesen Weg zu wählen, sich selbst das Leben zu nehmen ist ein Prozess, den wir nicht verstehen werden, weil wir weder die Verzweiflung noch die Gründe nachvollziehen können.

Wir können ein leichtes dazugeben zu sagen: „Ach hätte man doch nur mit uns geredet", nein dem ist nicht so.

Das ist viel intensiver und komplexer dieses Thema. Wie geht man hinterher mit der Trauer um? Ändert sich etwas an der Trauer, wenn ein Angehöriger durch einen Suizid gegangen ist?

Nein, die Trauer ist und bleibt gleich. Sie durchläuft auch ihre Prozesse und stellt gleichzeitig aber auch Fragen.

Die Zeit heilt nicht alle Wunden, sie verändert aber die Wunde. Den Schmerz der Trauer, wenn ein Mensch nach einem Suizid gegangen ist, ist nicht anders, er verheilt aber nach einiger Zeit.

Was bleibt sind die Fragen nach dem Warum? Es gibt Fragen, auf die haben wir keine Antwort. Nicht, weil es keine Antwort gibt oder weil es keine Antwort gibt.

Es ist für uns nicht nachvollziehbar, warum ein Mensch einen Suizid versucht oder vollzogen hat.

Sie dürfen sich selbst jedoch nicht die Schuld geben, weil sie es nicht erkannt haben oder nicht gesehen. Im Regelfall ist an einem gewählten Suizid keiner schuld. Natürlich machen wir uns danach Gedanken und manch einer fragt sich auch was die Nachbarn darüber denken oder dazu sagen oder ob sie uns dann verurteilen. Wenn wir stark genug sind, stehen wir da einfach drüber.

Einen Menschen durch den Tod zu verlieren ist eh schon sehr hart für die Hinterbliebenen, schlimm ist es, wenn einer sich selbst suizidiert. Weil man auch nicht weiß, wie wird der Abschied auf dem Friedhof oder wie gestaltet man eine Trauerfeier.

Papst Franziskus sagte mal „Wer bin ich das ich einen Menschen verurteilen darf?", wir dürfen den Menschen, der in den Freitod gegangen ist, nicht verurteilen. Auch nicht seine Angehörigen denn wir wissen nicht was der auslösende Grund war.

Was wir jedoch alle machen können, den Hinterbliebenen eine Stütze anbieten. Gespräche wenn sie darüber reden möchten. Auch wenn es für uns vielleicht anstrengend ist, den Hinterbliebenen hilft es, weil sie es irgendwann leichter haben darüber zu sprechen. Es vergeht nie. Aber es wird leichter damit umzugehen.

Überhaupt sind Gespräche sehr wichtig für Trauernde. In den Zeiten vor Corona gab es Trauer Cafés zum Austauschen. Das ist durch Corona anders geworden. Daher biete ich auf meiner Homepage www.trauernmitsimon.com ein Forum an, welches die Trauer Cafés ersetzen sollen. Hier können Sie im geschützten Raum sich austauschen mit Angehörigen.

Sie haben einen Angehörigen durch einen Suizid verloren?

Schreiben Sie ruhig Ihre Gedanken und Gefühle auf. Ihre Fragen, ihre Wut und Ihre Trauer.

Sternenkinder

Es gibt zwei Themengebiete, denen ich ein eigenes Kapitel in diesem Buch spenden möchte. Zum einen die Sternenkinder, zum anderen die Regenbogenbrücke. Beides sind in unserer Gesellschaft Themen, die mit Tabu belegt sind, weil viele von uns nicht mit dem Thema umgehen können oder weil uns oftmals die Worte diesbezüglich fehlen.

Wikipedia beschreibt Sternenkinder als Schmetterlingskinder oder als Engelskind. So werden die Kinder bezeichnet, die während, vor oder kurz nach der Geburt verstorben sind. Betrachten wir das ganze jedoch philosophisch oder poetisch, so werden diese Kinder als Kinder bezeichnet, die als Stern in den Himmel kommen, bevor sie das Licht der Welt erblickt haben. In meinem Umfeld gibt es Menschen, die genau dies erlebt haben und bei denen ich es erlebe, dass sie auch Jahre später zum Teil nicht über das Thema sprechen können oder einen Umgang damit gefunden haben. Hier stellt sich die Frage dann, ist die Trauer um das Sternenkind nicht akzeptiert oder ist sie pathologisch. Warum ist es für unsere Gesellschaft schwer über dieses Thema zu sprechen und warum sprechen wir den Eltern ihre Gefühle oder ihre Trauer ab?

Als Pflegekraft habe ich während meiner Ausbildung eine sehr unschöne Situation diesbezüglich erlebt und es war für mein weiteres Berufsleben sehr prägend. Ein junges Paar hatte eine Totgeburt, wie es früher noch so hieß und das Kind wurde erst einmal von der Stationsschwester aufgehoben und gelagert. Auf das Wie möchte ich aus Respekt vor den Eltern nicht eingehen. Für mich war es sehr prägend, weil ich gemerkt habe, dass es unserer Gesellschaft keinen Raum für Trauer für Eltern zur damaligen Zeit gab. Ich bin inzwischen froh darüber, dass sich hier eine Entwicklung gezeigt hat, die es Eltern ermöglicht, um ihr verlorenes Kind zu trauern. Es sind verschiedene Formen und Möglichkeiten für die Eltern Abschied zu nehmen. Auch wenn es anhand der Gesetzgebung von Land zu Land verschieden ist. Hier bitte ich Sie als Eltern einfach in Ihrem Land zu schauen.

Das ungeborene Leben zu verlieren während der Schwangerschaft ist für die werdende Mutter ein einschneidendes Erlebnis, weil sie oftmals nicht weiß, warum sie das Kind verloren hat. Wird sie nicht aufgefangen, so kann dies bei der Mutter schwerwiegende Folgen haben bis hin zur Depression oder dem eigenen Suizid. Nicht alle Mütter verkraften den Tod ihres Babys. Als Gesellschaft fehlt uns da oftmals das Wort oder die Wörter. Wir wissen nicht, wie wir mit Eltern von Sternenkindern umgehen oder auch mit ihnen sprechen sollen. Für die Eltern ist diese Zeit sehr schwierig und emotional belastend, weil sie täglich daran erinnert werden. Besonders dann, wenn sie zu Hause bereits das Kinderzimmer eingerichtet haben und dann nach Hause kommen ohne ihr Kind. Väter können dies nicht nachvollziehen, weil das ungeborene Kind nicht die intensive Bindung hat, die es zur Mutter hat. Den Verlust kann man nicht einfach so absprechen. Gerade Mütter von Sternenkindern müssen die Möglichkeit bekommen, sich in Würde und mit Respekt von ihren Kindern verabschieden zu können. Wir wissen nicht, wie Eltern sich fühlen oder wie sich die Mutter fühlt, die gerade ihr Kind verloren hat. Wir können die Leere nicht nachvollziehen, die Veränderungen am Körper, die nach dem Tod eines Sternenkindes bei der Mutter sich zeigen.

Unsere Gesellschaft bringt auch Jahre später den Müttern wenig Respekt gegenüber. Mütter, die gerade ihr Kind verloren haben, werden ausgeschlossen, in ihrer Trauer vielmals allein gelassen. Nicht jedes Spital fängt die Mütter dort auf, wo sie geradestehen. Sie werden nicht dort abgeholt und in ihrer Trauer allein gelassen. Es ist schwierig für Mütter und sie brauchen alle Zeit der Welt, um diesen Verlust zu verkraften. Er wirkt sich oftmals auch auf die Partnerschaft aus und kann zu Trennungen führen, wenn die Ehe oder die Partnerschaft nicht von Vertrauen und guten Gesprächen sowie in Liebe geführt wurde. Es gibt inzwischen zum Glück Friedhöfe für Sternenkinder, aber es ist für die Eltern nicht leicht. Viele werden aus Angst oder Scham oder weil wir nicht wissen, wie wir damit umgehen sollen nicht auf den Verlust angesprochen. Manche Eltern würden sich das so wünschen, auch mit jemanden den sie kennen darüber zu sprechen. Es bringt uns jedoch keiner bei, mit Eltern über den Verlust des Kindes zu sprechen.

Für die Eltern ist es ein sehr wichtiger Prozess sich austauschen zu können, mit Betroffenen, die dasselbe erlebt haben. Mit Menschen, die ihnen in ihrer Trauer zuhören und keine dummen Kommentare abgeben. Gerade die Mütter brauchen in dieser ersten Zeit nach dem Verlust Ruhe, Zeit für sich, Zeit zum Trauern. Sie können nicht von heute auf morgen wieder sich dem Alltag widmen. Sie benötigen die Chance, mit der Trauer umgehen zu lernen und sie werden jedes Jahr über Jahrzehnte hinweg daran erinnert, dass es ein Sternenkind gibt oder auch gab.

Eltern sollten sich die Zeit nehmen, zum Reden, zum gemeinsamen Trauern, zum Neuanfang. Nicht alle Eltern wollen nach dem Tod ihres Kindes ein neues Kind in die Welt setzen, weil sie denken es könne sich wiederholen. Sie haben Angst davor, dass sie wieder ihr Kind verlieren. Manche Mütter haben dies mehrmals erlebt und geben dennoch die Hoffnung nicht auf, dass es doch irgendwann geht und sie Mutter werden. Doch nicht alle haben das Glück Mutter zu werden. Für viele stellt sich dann die Frage was falsch an ihnen ist, dass sie kein Nachwuchs bekommen können. Wir können es nicht erklären, weil wir es einfach nicht wissen.

Inzwischen gibt es hier sehr viele gute Bücher auf dem Markt. Bücher von Eltern, die ihre Kinder in der Schwangerschaft verloren haben, die es gelernt haben mit dem Thema umzugehen und ihr Leben weiterzuleben. Ich möchte hier auf keines genauer eingehen, weil jede ihr eigenes Empfinden und ihre eigenen Bedürfnisse hat. Weil Mütter selbst wissen, was sie brauchen an Unterstützung, auch wenn sie es sich nicht selbst immer holen. Gerade in der Anfangszeit nach dem Verlust sind Gespräche sehr wichtig für die Mütter und auch für die Väter. Mancher Vater sucht die Schuld bei der Frau und wendet sich ab, aber genau das ist der falsche Weg, denn es zeigt auf, dass etwas nicht richtig ist in der Partnerschaft.

Wendet sich der Partner ab, so geben sich viele Frauen noch intensiver die Schuld am Verlust des Kindes, auch wenn es nicht ihre Schuld ist. Genau das sollte jedoch in einer guten Partnerschaft nicht passieren. Es ist für beide Elternteile wichtig miteinander in die Kommunikation zu gehen. Auch mit den Geschwistern, den Großeltern, den Freunden und auch Kollegen. Sie alle nehmen Anteil am Verlust und sind mehr oder weniger betroffen.

Eltern von Sternenkindern müssen die Möglichkeit bekommen, sich in Ruhe und mit Zeit von ihrem Baby zu verabschieden. Dies geht nicht von jetzt auf gleich und es braucht einfach seine Zeit. Es ist so schwierig, wenn sie nur ein oder zwei Stunden bekommen. Es geht ihnen so viel Zeit verloren. Sie werden ihr Kind nie aufwachsen sehen, keine Kinderkrankheiten erleben, keine ersten Zähne. Keinen ersten Schultag, keine pubertäre Phase. Es geht ihnen so vieles verloren, worauf sie sich gefreut haben. Ihr eigenes Kind aufwachsen zu sehen und dann aus dem Nichts ist es nicht mehr da. Nicht bei jeder Mutter kündigt sich eine Fehl- oder Totgeburt an. Nicht jede Mutter merkt sofort das etwas nicht stimmt mit dem ungeborenen Leben in ihr. Natürlich fühlen Mütter, ihr ungeborenes Leben in sich, aber dennoch sind sie oftmals überfordert oder sich unsicher, wenn sie merkt das in ihrem Körper von jetzt auf gleich etwas anders ist. Manchmal wird es nicht sofort ernst genommen. Für Mütter ist es ein unbeschreibliches Gefühl, wenn ihnen der Arzt sagt, dass er keine Herztöne mehr hört. In diesem Moment fallen Mütter wie in Watte gepackt in ein tiefes Loch, aus dem sie nicht sofort wieder herauskommen. Sie hören die Stimme des Arztes von weit weg und müssen mit der Aussage irgendwie versuchen klarzukommen. Sie müssen mit der Entscheidung leben, dass das ungeborene Leben geholt werden muss. Es gibt so vieles was sie in dem Moment beachten müssen und dennoch ist es für sie nicht einfacher. Gerade wenn sie im Spital sind und Müttern begegnen, die gerade ihr Kind bekommen haben oder kurz vor der Geburt stehen. Diese Sternenmütter brauchen Zuwendung, ohne in Watte gepackt zu werden. Sie brauchen Zeit und die Chance trauern zu dürfen und sich angemessen zu verabschieden.

Viele Spitäler haben inzwischen für Eltern von Sternenindern den Raum geschaffen, damit diese sich in Ruhe von ihrem Liebling verabschieden dürfen. Nicht immer ist der Anblick für alle annehmbar, aber Eltern betrachten ihre Kinder immer mit Liebe.

Und weil Eltern sind, sollten wir ihnen die Chance auch geben. Eltern brauchen diesen Raum, die Gedenkfeier und auch die Zeit zum Trauern. Es gibt Eltern, denen ist es wichtig einen Ort auch zu Hause zum Trauern zu schaffen. Nicht überall ist es gestattet, das Kind in einer Urne zu Hause aufzustellen. Doch diese Möglichkeit sollte unsere Gesellschaft den Eltern geben. Leider sieht es das Personenstandsgesetz doch oftmals anders vor. Es gibt jedoch auch Eltern, die kämpfen darum, dass sie ihr ungeborenes Kind in einer Urne zu Hause aufstellen dürfen und sich einen Gedenkort zu kreieren. Doch nicht alle Eltern möchten dies. Für manche Väter stellt es eine Herausforderung dar, mit dem Tod des ungeborenen Lebens und der Trauer der Frau umzugehen. Wobei ich hier den Vätern auch nicht die Gefühle absprechen möchte. Auch Väter leiden unter der Nachricht, dass sie ein Sternenkind haben. Beide Eltern müssen bei dieser Nachricht nicht nur behutsam darauf vorbereitet werden, sondern auch begleitet in der ersten Zeit danach. Die Bindung der Mutter zum Kind ist intensiver, aber Eltern sind Eltern. Beide sind beteiligt und auch für die Väter ist es ein Verlust, weil auch sie ihr Kind nicht kennenlernen dürfen.

Gute Spitäler fangen beide Eltern auf, begleiten sie in der Zeit nach der Sternengeburt. Gehen auf die Bedürfnisse und Wünsche ein und gestalten mit den Eltern zusammen das Abschied nehmen. Hier mag es vielleicht kantonale Unterschiede geben. Doch für Eltern ist es sehr wichtig, die Zeit des Abschiedsnehmens auch in Ruhe und mit Würde gestalten zu können. Welchen Verlust Eltern erleben in dieser Zeit, verstehen wir, die wir es nicht erlebt haben nicht. Diesen Schmerz und diese Trauer kann nur jemand nachempfinden, der dies selbst erlebt hat. Im Internet gibt es für Eltern viele Hilfen inzwischen und auch viele Bücher und Seiten zum Nachlesen.

Sternenkinder benötigen eine besondere Trauer. Sie sind eine Herausforderung, ein Stern, der am Himmel erscheint. Sie haben für uns Menschen eine Bedeutung, da bin ich mir ganz sicher. Die Frage warum das Kind ein Sternenkind war oder ist, mag man vielleicht medizinisch erklären können, aber dem ist nicht immer so. Manchmal stehen hier auch die Ärzte vor einem Rätsel und können den Eltern keine Antwort geben. Keiner von uns weiß warum das Kind ein Sternenkind wird. Diese eine Frage, die sich Eltern immer wieder stellt, findet keine Antwort.

Daher finde ich, dass Sternenkinder einen eigene Trauerkultur haben sollten. Für die Eltern ist es der schwierigste Weg, den sie gehen müssen und ich kann mir vorstellen, dass es hart ist. Wenn sie andere Mütter oder Familien mit ihren Babys oder Kindern sehen, kommen oftmals Gedanken auf. Sie fragen sich, wie ihr Kind aussehen würde jetzt. Doch sie werden es in diesem Leben nicht erfahren, weil es ihnen nicht gegönnt wurde.

Es gibt für Eltern von Sternenkindern sehr viele Gesprächsgruppen, Internetmöglichkeiten zum Austauschen. Nutzen Sie diese, denn Sie sind mit ihrer Erfahrung nicht allein. Eltern von Sternenkindern trauern anders.

Auf meiner Homepage habe ich einen Trauerraum für Eltern eingerichtet, weil ich denke, dass es wichtig ist sich auch mit anderen Menschen auszutauschen, die dasselbe erlebt haben. Die Schwierigkeit des Abschiedsnehmens, die Frage nach dem Warum die nicht immer geklärt werden kann aus medizinischen Gründen.

Sternenkinder zu betrauern, braucht eine eigene Trauerzeremonie. Sie ist nicht mit dem Abschied nehmen eines alten Menschen zu vergleichen. Manchmal stirbt das Kind jedoch auch kurz nach der Geburt und dieser Moment ist für Eltern der absolute Schockmoment. Wir wissen nicht warum manche Kinder nur kurz auf die Welt kommen. Für Eltern ist dies der schlimmste Schicksalsschlag den sie erleben können. Eben noch war die Freude so groß und dann kommt die Trauer. Die Frage nach dem Warum? Der Schmerz und das nicht verstehen können.

Ich habe ein Kind verloren. Was brauche ich jetzt für mich und was ist mir wichtig?

Schreiben Sie Ihre Gedanken und Gefühle auf. Hören Sie in sich hinein.

Die Regenbogenbrücke

Es ranken sich viele Geschichten über die Regenbogenbrücke. Viele sind unterschiedlich geschrieben und dennoch haben sie alle den gleichen Hintergrund. Die Regenbogenbrücke dient den Tieren, die uns vorausgehen in den Himmel. Unsere Gesellschaft akzeptiert es leider noch nicht, wenn wir um unser Haustier trauern. Solange Tiere noch als Sachen angesehen werden, kann sich dies leider noch nicht ändern.

Viele von Ihnen liebe Leser haben Tiere, hatten Tiere oder wünschen sich vielleicht ein Tier. Wenn wir ein Tier haben, von klein auf, dann hat dieses Tier in unserer Welt eine eigene Bedeutung. Dieses Tier begleitet uns einen Teil unseres Lebens. Wir wachsen mit diesem Tier zusammen, erleben viel schöne und auch unschöne Dinge. Aber die tollen Sachen überwiegen.

Doch auch unser Tier wird alt, krank und gebrechlich. Die Augen sehen nicht mehr gut, die Ohren hören nicht mehr so wie früher und auch das Gehen fällt im Alter schwerer. Manche Menschen von uns kommen damit nicht klar und geben ihr Tier ab ins Tierheim oder setzen ihre alten Tiere aus, weil sie Kosten sparen möchten oder aber sonst nicht gelernt haben mit dem Tod umzugehen. Loslassen lernen ist ein sehr schmerzhafter Prozess, den man wirklich schon in der Kindheit lernen muss, damit man im Alter damit umgehen kann.

Die Regenbogenbrücke, es gibt zwei Formen davon. Die eine, ist grau und leer, dort sitzen alle Tiere, die keinen Menschen hatten, der sie liebte. Die Tiere dort sind allein, ausgesetzt, misshandelt, alt und gebrechlich. Es gibt dazu eine sehr schöne Geschichte, die ich gerne zitieren möchte. Leider ist der Autor unbekannt. Aber ich fand es sehr schön und vielleicht ermutigt es den ein oder anderen Leser anders auf sein Tier zu schauen, es wirklich bis zum Schluss zu begleiten. Ich möchte diesen Text einfach einfügen, weil ich ihn sehr wichtig finde.

Was ist nur los an der Regenbogenbrücke?

Anders als die meisten Tage an der Regenbogenbrücke, dämmerte es an diesem Tag, es war kalt und grau. Alle Neuankömmlinge an der Brücke wussten nicht, was sie davon halten sollten, denn sie hatten noch nie so einen Tag erlebt.

Aber die Tiere, die schon lange auf ihren geliebten Menschen gewartet hatten, um ihn über die Brücke zu begleiten, wussten, was geschehen würde und sie fingen an, sich an dem Weg zur Brücke zu sammeln.

Schnell kam ein älterer Hund in Sicht, sein Kopf hing nach unten und er zog seinen Schwanz nach. Er näherte sich langsam, und obwohl er keine Anzeichen von Verletzungen oder Krankheiten zeigte, war er in großem emotionalem Schmerz.

Im Gegensatz zu den anderen Tieren, die sich entlang des Weges gesammelt hatten, hatte er beim Überqueren der Brücke nicht seine Jugend und Vitalität zurückerhalten. Er fühlte sich fehl am Platz und wollte nur zurück, um sein Glück zu finden.

Aber als er sich der Brücke näherte, wurde er von einem Engel aufgehalten, der sich entschuldigte und ihm erklärte, dass der müde und gebrochene alte Hund die Brücke nicht überqueren dürfe. Nur die Tiere, die von ihren Menschen begleitet wurden, durften die Brücke überqueren. Da er niemanden hatte und auch nicht wusste, wohin er sollte, stapfte der Hund in das Feld vor der Brücke. Dort fand er andere Hunde, Senioren, traurig und entmutigt. Im Gegensatz zu den anderen Tieren, die darauf warteten, die Brücke zu überqueren, rannten und spielten diese Tiere nicht.

Sie lagen einfach im Gras und starrten einsam und verloren auf den Weg, der über die Rainbow Bridge führte. Der alte Hund beobachtete den Weg und wartete ... noch nicht wissend, auf was er wartete.

Einer der neueren Hunde an der Brücke fragte eine Katze, die da schon länger war, was denn geschehe. Die Katze antwortete: »Diese armen Tiere wurden ausgesetzt, verlassen, oder in Tierheimen abgegeben, aber sie haben auf der Erde nie ein Zuhause gefunden. Sie alle kamen einzig mit der Liebe eines Tierschützers, der sie tröstete. Weil sie keine Menschen hatten, die sie liebten, haben sie niemanden, der sie über die Regenbogen Brücke begleiten konnte.«

Der Hund fragte die Katze, »Aber was wird mit den Tieren geschehen?« Bevor die Katze antworten konnte, begannen die Wolken sich zu teilen und die Kälte verwandelte sich zu strahlendem Sonnenschein. Die Katze antwortete: »Schau, und Du wirst es sehen. „In der Ferne war eine einzelne Person zu sehen, und als sie sich der Brücke näherte, wurden die alten, gebrechlichen und traurigen Tiere in ein goldenes Licht getaucht. Sie wurden auf einmal wieder jung und gesund, und standen auf, um zu sehen, was ihr Schicksal sein würde. Die Tiere, die sich zuvor auf dem Weg gesammelt hatten, senkten die Köpfe, als sich die Person näherte. Jedes Tier, mit einem gesenkten Kopf, schenkte die Person eine Berührung oder Umarmung.

Einer nach dem anderen schlossen sich die jetzt jungen und gesunden Tiere aus dem Feld der Schlange hinter der Person an. Gemeinsam gingen sie über die Regenbogenbrücke in eine Zukunft des Glücks und der unbestrittenen Liebe.

Der Hund fragte die Katze, »Was ist passiert?« Die Katze antwortete: »Das war ein Tierschützer. Die Tiere entlang des Weges die sich verbeugt hatten, hatten ihr Zuhause durch den Tierschützer gefunden. Sie werden die Brücke überqueren, wenn ihre Menschen hier an der Brücke ankommen. Aber die Ankunft eines Tierschützers ist ein großes und feierliches Ereignis, denn als Belohnung dürfen sie einen letzten Akt der Rettung durchführen. Sie dürfen all diese armen Tiere, denen sie auf der Erde kein eigenes Zuhause finden konnten über die Regenbogenbrücke mitnehmen".

Der Hund dachte einen Moment nach und sagte dann: »Ich mag Tierschützer.« Die Katze lächelte und antwortete: »So ist der Himmel, mein Freund. Ja, so ist der Himmel«

*(Autor unbekannt)*https://www.bibelseite-365.de/die-regenbogenbruecke.html

Das ist die andere Seite der Regenbogenbrücke. Die Seite, die wir Menschen nicht so gerne sehen. Natürlich möchten wir Haustiere, aber wir möchten uns oftmals auch da nicht mit dem Tod auseinandersetzen. Ich persönlich mag beide Geschichten der Regenbogenbrücke. Nachdem ich Ihnen die andere Seite bereits vorgestellt habe, zeige ich Ihnen hier auch noch die Version, die viele von uns bereits kennen.

Die Regenbogenbrücke

Es gibt eine Brücke, die den Himmel und die Erde verbindet. Weil sie so viele Farben hat, nennt man sie die Regenbogenbrücke. Auf der jenseitigen Seite der Brücke liegt ein wunderschönes Land mit blühenden Wiesen, mit saftigem grünem Gras und traumhaften Wäldern.

Wenn ein geliebtes Tier die Erde für immer verlassen muss, gelangt es zu diesem wundervollen Ort. Dort gibt es immer reichlich zu fressen und zu trinken, und das Wetter ist immer so schön und warm wie im Frühling.

Die alten Tiere werden dort wieder jung und die kranken Tiere wieder gesund. Den ganzen Tag toben sie vergnügt zusammen herum. Nur eines fehlt ihnen zu ihrem vollkommenen Glück: Sie sind nicht mit ihren Menschen zusammen, die sie auf der Erde so geliebt haben.

So rennen und spielen sie jeden Tag miteinander, bis eines Tages eines von ihnen plötzlich innehält und gespannt aufsieht. Seine Nase nimmt Witterung auf, seine Ohren stellen sich auf, und die Augen werden ganz groß. Es tritt aus der Gruppe heraus und rennt dann los über das grüne Gras. Es wird schneller und schneller, denn es hat Dich gesehen!

Und wenn Du und Dein geliebtes Tier sich treffen, gibt es eine Wiedersehensfreude, die nicht enden will. Du nimmst es in Deine Arme und hältst es fest umschlungen. Dein Gesicht wird wieder und wieder von ihm geküsst, deine Hände streicheln über sein schönes weiches Fell, und Du siehst endlich wieder in die Augen Deines geliebten Freundes, der so lange aus Deinem Leben verschwunden war, aber niemals aus Deinem Herzen.

Dann überquert ihr gemeinsam die Regenbogenbrücke und werdet von nun an niemals mehr getrennt sein ...

(Autor des Originals Paul C. Dahm, Übersetzung von Carmen Stäbler)https://www.bibelseite-365.de/die-regenbogenbruecke.html

Die Regenbogenbrücke. Sie ist für mich ein Ort, auf den ich mich freue. Dann, wenn ich alle meine geliebten Tiere wiedersehen kann und auch darf. Alle, die mein Leben begleitet haben und auch noch begleiten werden. Es gibt nichts Schöneres, als die reine und wahre Liebe eines Tieres. Wir alle sollten mehr auf unsere Tiere achten und diese schützen.

Wir mögen zwar nicht alle Tiere retten können, aber wenn jeder von uns ein oder zwei Tiere im Laufe seines Lebens rettet. Dann ist den Tieren etwas geholfen und wir haben das ein oder andere Tier oder auch uns glücklich gemacht.

Abschiednehmen von unserem geliebten Haustier ist ein schwerer Weg. Es ist für uns Menschen, mit einer der schwersten Wege, die wir gehen müssen. Irgendwann erreicht uns die Nachricht, dass wir unser Tier einschläfern müssen, das es keine Behandlungsmöglichkeiten mehr gibt. Das kann uns den Boden unter den Füssen wegziehen. Es ist in diesen Momenten schwierig eine Entscheidung zu treffen. Loszulassen, den letzten Weg unseres Hundes oder unserer Katze zu begleiten. Viele von uns können es nicht und auch mir persönlich fällt dies schwer. Aber das darf es auch. Keiner erwartet von uns, dass wir lächelnd nebendran stehen, wenn unser Tier den letzten Atemzug tut. Je inniger die Bindung zwischen uns und unserem Haustier ist, desto schwieriger wird das Loslassen.

Begleiten Sie ihr Tier bis zum Schluss. Bleiben Sie dabei, wenn es seinen letzten Schnaufer macht. Sie müssen dabei nicht stark sein. Tränen sind gestattet und sie befreien uns. Sie sind eine Form der Trauer, die zuerst ihren Weg findet. Wir weinen, wenn wir etwas traurig finden, wenn wir etwas nachweinen oder wir betrauern müssen und auch wollen.

Der Schmerz vergeht, zwar vergeht er nie ganz, aber er wird leichter und wir werden irgendwann bereit sein loszulassen. Die Erinnerungen werden uns lächeln lassen und wir erinnern uns an die vielen schönen Momente, die wir gemeinsam hatten.

Wenn Sie wissen, dass für ihr Tier bald der letzte Tag gekommen ist, begleiten Sie es. Sie haben eine gewisse Vorlaufzeit erhalten, um sich auf den Abschied vorzubereiten. Nehmen Sie Kontakt mit einem Tierbestatter auf. Unter www.anubis.de finden Sie regionale Tierbestatter. Sie sind professionell ausgebildet und begleiten Sie auf ihrem letzten Weg ihres Tieres.

Schauen Sie bereits im Vorfeld danach, suchen Sie die Gespräche. Wir alle müssen uns mit dem Tod auseinandersetzen, egal wie schwer es uns fällt. Wenn Sie wissen, wann der Tag des Abschieds gekommen ist, nehmen Sie sich Urlaub, nehmen Sie sich Zeit. Es ist so anders, wenn man nach Hause kommt und es rennt einem keiner mehr entgegen, wenn die Türe aufgeht.

Auch Tiere hinterlassen nach dem Tod in unserem Leben eine Lücke. Diese benötigt ebenfalls Zeit zum Trauern, auch wenn diese Form der Trauer in unserer Gesellschaft noch keinen Raum findet. Nehmen Sie sich für sich einfach diese Zeit, die sie brauchen. Jeder der selbst ein Haustier hat, wird ihre Trauer verstehen.

Die Trauer um ein Haustier, das einen Jahre des Lebens begleitet hat, findet in unserer Gesellschaft wenig Respekt und Akzeptanz. Doch die Trauer um ein Haustier kann Lücken hinterlassen, die sich nur langsam schließen. Unsere Gesellschaft ist funktional und digital. Gefühle bekommen wenig oder kaum Raum und dabei brauchen wir Gefühle, denn ohne sie können wir nicht leben.

Trauer ist ein Gefühl. Wenn unser Haustier stirbt, so fehlt uns ein Teil. Wir fühlen uns anders, können das Gefühl jedoch nicht in Worte fassen. Ein Teil von uns ist mit dem Tod unseres Haustieres gestorben.

Das verstorbene Haustier hinterlässt Spuren in unseren Herzen und in unserer Seele. Stirbt das Haustier, ist es uns gestattet das Tier zu kremieren und die Urne zu Hause aufzustellen. So ist unser Tier nah bei uns. Wir können aber auch eine Kette mit einem Anhänger mit etwas Asche füllen lassen und bei uns tragen. Dies habe ich mit meinem Hund auch so gemacht. So ist mir mein Hund näher.

Die junge Generation lässt sich mit Erinnerungen tätowieren, damit die Eltern, das Haustier oder aber eine andere nahestehende Person näher ist. Viele lassen sich auch die Daten ihrer Kinder tätowieren, weil sie glücklich darüber sind sie zu haben. Sie sehen, auch dies sind Trauerrituale. Wobei ich dazu noch einmal speziell darauf eingehen möchte in einem separaten Kapitel.

Was ich meinem Tier wünsche auf seinem letzten Weg?

Wie geht es mir, wenn mein Tier verstirbt? Was brauche ich und was fühle ich?

Fühlen Sie die Trauer, die Sie umgibt, wenn Sie an Ihr Tier denken? Lassen Sie Ihren Gefühlen freien Lauf und schreiben Sie sie auf.

Trauer und ihre Formen

Trauer beschreibt einen Zustand, in dem wir Menschen uns im Laufe unseres Lebens immer wieder befinden werden. Bereits mit der Geburt in diese Welt erleben wir unseren ersten Verlust, der unumgänglich ist. Jeder Verlust, den wir erleiden, muss verarbeitet und somit auch überwunden werden.

Es gibt unterschiedliche Formen des implizierten Verlustes. Somit erleben wir viele verschiedene Formen der Trauer. Die soziale Trauer beinhaltet den Verlust des Jobs oder wird mit dem Eintritt ins Rentenalter bezeichnet.

Die für uns Menschen Schwerste Trauer, die es zu bewältigen gibt, ist der Verlust eines geliebten Menschen durch den Tod. Durch den Tod zerbricht eine intensive Verbindung, aber alles andere bleibt intakt. Meine Oma sagte immer: "Der Tod verändert das Leben - aber nicht die Liebe"

Die Träume, das Gefühl der Liebe, die Hoffnungen bestehen auch nach dem Tod eines geliebten Menschen weiter. Daher ist dieses Leiden sehr intensiv und es dauert eine längere Zeit, bis wir den Verlust verarbeitet haben. Dieser affektive Verlust zeigt sich durch verschiedene Trauerformen.

Trauer kann sich auf unterschiedliche Arten und Weisen zeigen und ist ein Gefühl, das uns jederzeit treffen kann. Trauer zeigt sich in den Kulturen der Welt in den verschiedensten Formen. Jede Religion hat ihren eigenen Umgang mit Trauer und dem Thema Tod.

Um die Trauer zu verstehen, gibt es genug Literatur zum Nachlesen. Ich möchte hier einfach auf die wichtigsten Trauerformen und ihre Auswirkungen eingehen. Ein jeder Mensch hat das Recht zu trauern und sollte sich auch die Zeit dafür nehmen. Gesellschaftlich werden uns von Berufs wegen vielleicht zwei oder drei Tage gegeben zum Abschied nehmen. Aber Trauer ist ein längerer Prozess. Er kann Wochen dauern bis hin zu Jahren. Wenn Trauer nicht verarbeitet wird, kann sie pathologisch werden und der Betroffene braucht professionelle Hilfe. Manche Menschen zerbrechen auch an ihrer Trauer, weil sie keinen zum Reden haben. Trauer ist ein Gefühl. Der trauernde Mensch ist seinen eigenen Gefühlen komplett ausgeliefert und er versteht sich zum Teil selbst nicht mehr. Die Welt erscheint einem dann wie aus den Fugen geraten, weil nichts mehr so scheint wie es war. Die Gefühle überfordern den Menschen und auch ihre Intensität ist so speziell, dass man sich von der Trauer überrannt vorkommt. Für manche Menschen dauert es Jahre, bis ihre Welt fast wieder so ist wie sie vor dem Tod des geliebten Menschen war. Aber dies ist nicht jedem so gegeben.

Wenn ein Mensch trauert, wirkt der Körper wie in einem Schock. Die erste Zeit nach dem Tod des Angehörigen verbringen viele Menschen wie in einer Luftblase, weil sich ihr Leben von jetzt auf gleich verändert hat. Unsere Gesellschaft setzt leider voraus, dass wir innerhalb kurzer Zeit wieder funktionieren müssen. Dies kann zu körperlichen oder aber auch seelischen Leiden führen, wenn die Trauer nicht ausreichend verarbeitet wird. Im Allgemeine geht man davon aus, dass eine Trauerbewältigung bis zu fünf Jahren dauern kann. Das kann so sein, muss aber nicht.

Hier kommt es zum einen darauf an, wie stark man selbst ist und zum anderen, wie Nahe der Angehörige einem gestanden hat. Jeder von uns trauert unterschiedlich und es darf auch jeder von uns unterschiedlich trauern. Wie wir mit der Trauer umgehen, lernen wir von unserer Umwelt, erleben wir bei unseren Eltern und übernehmen wir teilweise von Freunden.

Verena Kast teilte die Trauerphasen in verschiedene Sektoren ein. Diese können individuell lang und überschneidend sein. Da die Trauer ein sehr komplexes Thema ist, möchte ich die Trauer von verschiedenen Bereichen beleuchten, um Sie ihnen näher zu bringen.

Die Phase der Verleugnung beginnt mit dem Ableben des geliebten Menschen. Wir wollen den Tod nicht wahrhaben und erleben unsere Umwelt wie in Watte gepackt. Die Realität ist in dem Moment für uns persönlich nicht wirklich. Die Welt erscheint uns in den Tagen wie unreal. Wir geraten in einen Zustand, der sich in körperlichen Symptomen zeigen kann. Wir glauben nicht daran, dass der Mensch, den wir lieben wirklich von uns gegangen ist. Wir sehen den Verstorbenen jederzeit durch die Türe kommen oder warten darauf das die Türe aufgeht und der Verstorbene zu uns kommt. Unsere Gefühle sind unwirklich und in der ersten Phase sehr intensiv. Sie ist sehr emotional und gilt als die härteste Phase, weil wir mit dem Tod umgehen, lernen müssen. Sie kann über mehrere Stunden bis hin zu Wochen dauern. Da wir in der Zeit mit den Trauernden überfordert sind, weil es uns vielleicht nicht so trifft, können wir oftmals nicht mit der Trauer des Gegenübers umgehen. Doch auch hier gibt es Mittel und Wege, die ich separat erklären möchte.

In der zweiten Phase der Trauer muss sich der Hinterbliebene sehr intensiv mit dem Verlust und seinen eigenen Gefühlen auseinandersetzen. Dies kann oftmals zu ungewolltem Kontrollverlust führen. Manchmal ist es ein Duft, ein Musikstück, ein Auto oder irgendein anderer Gegenstand, der zum Weinen bringt. Die Gefühle, die einen in diesen Momenten übermannen, können unterschiedlicher nicht sein. Es kann zu einem plötzlichen Weinen kommen, dem hinterfragen, warum und weshalb der Mensch gehen musste. Es können aber auch Tränen der Erleichterung sein oder der Angst. Manche von uns Menschen werden mit Schuldgefühlen geplagt. Bei anderen führt die Trauer in dieser Phase zu Appetitlosigkeit und Schlafstörungen. Wie intensiv diese Zeit ist, hängt ganz davon ab in welcher Beziehung man mit dem Verstorbenen stand.

War der Verstorbene der Partner oder die Partnerin, so gehen wir oftmals anders damit um als wenn es die betagten Eltern trifft. Leider ist es in unserer Gesellschaft nicht gegönnt uns diese Zeit des Trauerns zu nehmen. Gefühle zu zulassen, auszuhalten und zu erleben, macht diese zweite Phase zur Phase der Emotionen. Wird diese Phase nicht gelebt und die Gefühle unterdrückt, so kann dies zu langwierigen Erkrankungen bis hin zu Depressionen führen.

Um in die dritte Trauerphase zu kommen, muss der Hinterbliebene sich aktiv mit seinen Gefühlen auseinandersetzen. Dieser Prozess ist langwierig und geht nicht von heute auf morgen. Erst wenn der Umgang und das Ausleben der Emotionen gelebt wurde, ist der Mensch für die dritte Trauerphase bereit.

Die dritte Trauerphase nach Verena Kast ist die Phase der Neuorientierung. Die Trauer ist zwar noch vorhanden, aber sie ist nicht mehr so belastend, wie noch am Anfang oder nach dem der Tod schon einige Zeit zurück liegt.

Der Trauernde kann dem Leben wieder langsam etwas Positives abgewinnen. Er kann sich neu orientieren. Er schafft sich normalerweise den Raum oder den Ort der Erinnerung. Hier hilft es vielen Menschen, Orte der Erinnerung, der letzten Reise oder sonstige Gemeinsamkeiten zurückzuholen, um leichter mit dem Tod umzugehen. Meist versuchen wir dann, dem Verlust zu begegnen und dem Angehörigen einfach näher zu sein. Die Phase der Neuorientierung ist für jeden von uns wichtig und kann individuell lang sein. Oftmals führt diese Phase dazu leichter mit dem Tod umzugehen. Ist diese Phase jedoch aufgrund der ständigen Begegnung mit dem Toten zu speziell, kann dieses auch zur Verzweiflung und manchmal auch zum Suizid führen. Manch einer der Trauernden hat in dieser Phase Selbstmordgedanken. Er muss für sich die Entscheidung treffen, ob er sein Leben fortführen oder weiterhin trauern will. Gerade beim Verlust des langjährigen Lebenspartners ist diese Phase sehr emotional belastend.

Die vierte Phase führt den Trauernden wieder auf seinen Weg ins Gleichgewicht zurück. Er hat gelernt mit dem Verlust umzugehen und übernimmt wieder Verantwortung für sein Leben. Zukunftspläne können geschmiedet werden oder aber die gemeinsame Reise, die man schon immer einmal machen wollte, wird jetzt in Angriff genommen. Diese Phase führt bei vielen Menschen von uns zu Veränderungen in unserem Leben. Bei einigen von uns ändert sich die komplette Lebenseinstellung und wir leben achtsamer und bewusster im Hier und Jetzt.

Bei anderen wiederum kommen neue Wünsche und Pläne für die Zukunft hinzu. In meiner Palliativweiterbildung habe ich auch die Trauerphasen nach Elisabeth Kübler-Ross kennengelernt. Da zumindest hier in der Schweiz nicht mehr so Augenmerk auf diese fünf Phasen gelegt wird, spreche ich dies nur am Rande an. In der

Schweiz sprechen wir inzwischen von Traueraufgaben, die ein jeder von uns bekommt, um mit dem Verlust fertig zu werden. Hierauf komme ich nach Frau Kübler-Ross noch näher zurück.

Elisabeth Kübler-Ross war Psychiaterin und hat sich mit den Phasen des Sterbens beschäftigt. Sie teilte die Trauerphasen in fünf Phasen ein, wobei ihr Hauptaugenmerk in der Betrachtung der Phasen des Sterbenden lag. Jeder, der die eine schlechte Diagnose bekommt, muss sich mit dieser auseinandersetzen. Gerade in der Zeit, von der Diagnosen Stellung bis hin zur Akzeptanz dieser durchläuft der Patient verschiedene Formen. Angefangen von dem nicht wahrhaben der Diagnose und der Ablehnung oder dem Verurteilen als Fehldiagnose versucht der Patient diese zu verdrängen oder auch zu verleugnen. Hat der Patient diese Form akzeptiert, auch durchaufsuchen einer zweiten Meinung, so steigert sich die Wut über die Diagnose. Der Patient wird wütend allen anderen gegenüber die frei von seiner Diagnose sind und weiterleben dürfen. In einer dritten Phase versucht der Patient mit Gott oder dem Karma zu verhandeln. Er zeigt sich kooperativ gegenüber den behandelnden Ärzten und versucht Aufschub zu bekommen.

Sollte ihm dies nicht gelingen, so verfallen viele Patienten in Depressionen. Sie beginnen über das Leben und den Tod nachzudenken und sind manchmal zutiefst verzweifelt. In der letzten Phase akzeptiert der Sterbende sein Schicksal. Manchmal verhält er sich sehr abweisend gegenüber seiner Umwelt, weil ihm seine eigene Endlichkeit vor Augen geführt wurde. Aber nicht jeder Sterbende erreicht diese Phase. Die Phase der Akzeptanz ist wichtig, um für die Zeit nach dem Ableben vorzusorgen. Sei es, um das Testament zu machen, für die Hinterbliebenen zu sorgen oder sich um seine eigene Beerdigung zu kümmern. Hat der Betroffene sich mit seiner Diagnose arrangiert, so kann er auch selbstbestimmt seine Beerdigung in Auftrag geben. Er kann noch aktiv entscheiden, wie es nach seinem Tod weitergehen soll. Leider sprechen die wenigsten Menschen darüber, wie es nach ihrem Tod weiter gehen soll und überlassen dieses ihren Angehörigen.

Doch die Trauer kann sich auch anders ausdrücken. Es gibt verschiedene Möglichkeiten und Formen. Trauer ist allgegenwärtig nach dem Verlust des geliebten Menschen. Wir alle gehen unterschiedlich mit der Trauer um. Nicht jeder von uns kann einfach trauern. Manchen von uns fällt trauern schwer und es ist nicht einfach, den Verstorbenen loszulassen. Unser Leben geht jedoch weiter und wir müssen lernen weiterzuleben, auch wenn wir es vielleicht nicht wollen oder es nicht akzeptieren, wie es ist. Leben ist nicht einfach, Sterben auch nicht. Trauern ist eine Form des Ausdrucks von Gefühlen. Trauern und Weinen ist ein Gefühl. Unsere Gesellschaft akzeptiert es jedoch nur eine bestimmte Zeitlang, danach ist man wieder dazu verpflichtet zu funktionieren. Dies ist sehr schwierig, will man doch die Zeit dazu haben loslassen zu können.

Nicht jeder Arbeitgeber akzeptiert es, wenn man in der Trauerphase nicht zur Arbeit erscheint und nicht jeder Hausarzt schreibt einen krank für die Zeit der Trauer. Wir müssen für uns also selbst einen Weg finden, damit umgehen zu lernen. Hier möchte ich gerne Möglichkeiten aufzeigen, wie wir mit der Trauer für uns persönlich umgehen lernen zu können. Trauer ist kein einfacher Prozess. Es ist schwierig für uns Menschen, weil es immer wieder vorkommt, dass es Situationen, Aussagen oder Gerüche mit dem Verstorbenen verbinden. Dies sind dann die Momente, wo wir einfach schlucken, sich die Kehle zusammenschnürt und wir merken, dass die Tränen kommen. Wie können wir damit umgehen lernen? Was hilft uns aus der Trauer? Wie können wir mit der Trauer leben heute und auch in Zukunft? Was macht die Trauer in uns und mit uns? Trauer verändert unser Leben. Wir werden nachdenklicher, denken über unser eigenes Sein und Leben nach. Beginnen zu erahnen das unser Leben endlich ist. Wir leben im Hier und Jetzt. Wir planen die Zukunft, haben Träume und Ziele. Aber wir planen lange nicht oder vielleicht auch nie, was passiert, wenn wir sterben oder nach unserem Tod. Wir machen uns keine Gedanken darüber.

Ich finde das sehr schade, denn die Angehörigen müssen sich nicht nur mit der Trauer über den Verlust, sondern auch mit der Bürokratie auseinandersetzen. Eigentlich ist das nicht nett, mal nett ausgedrückt. In den Zeiten nach dem Tod des Verstorbenen kommt so viel auf einen Angehörigen zu, das es schwierig ist in dieser ersten Zeit der Trauer Raum zu geben. Viele Fragen kommen auf bezüglich der Bestattungsformen, der Verabschiedung des Verstorbenen. Es stellt sich die Frage nach der Trauerfeier oder ob man einen Trauerredner benötigt. Setzen wir uns deswegen nicht gerne mit dem Tod auseinander? Ich weiß es nicht.

Als trauernder Angehöriger finde ich es sehr schwierig mir die Zeit zu nehmen zu trauern. Es ist so viel was auf einen zukommt. Die Organisation der Beerdigung nimmt einem die Zeit, stellt aber gleichzeitig auch ein Stück weit eine Form der Trauer dar. Die Beerdigung zu organisieren ist der schwierigste Teil nach dem Tod des geliebten Menschen. Welche Wünsche oder Vorstellungen hatte der Verstorbene? Nicht alles davon wissen wir, also schauen wir, dass wir in dieser Zeit einfach versuchen es allen recht zu machen. Den näheren Verwandten, den Geschwistern, der eigenen Familie. Dabei sollten wir auch einfach nach uns schauen. Nach dem wie es uns mit dem Thema geht und was wir selbst gerade jetzt brauchen.

Wir müssen in der Trauerphase nicht für alle stark sein. Wenn wir kleine Kinder haben, dürfen wir ihnen auch zeigen, dass wir trauern, solange die Trauer uns nicht von der Verpflichtung ihnen gegenüber abhält. Kinder sollten trauern lernen und auch kennenlernen. Wenn wir Kindern dies nicht beibringen, fällt es den Kindern später als Erwachsene schwer einen anderen Menschen loszulassen. Sie klammern sich dann oftmals fest, ohne zu wissen, warum sie es tun, und oftmals brauchen sie professionelle Hilfe, um Loslassen lernen zu können.

Trauer ist wichtig, sie ist ein Teil von unserem Leben und sie gehört genauso dazu, wie die Liebe, das Lachen, die Gefühle. Wir verneinen oftmals das Negative in unserem Leben. Aber Trauer ist nicht negativ, denn Trauer ist ein Prozess, der unserem eigenen Leben dient, sich dem Leben gegenüber zu öffnen und sich Gedanken zu machen über die eigene Endlichkeit.

Auf der Seite **www.gedankenwelt.de** finden wir noch andere Formen der Trauer. Hier werden die Trauerphasen noch einmal ganz anders dargestellt und ich persönlich finde es wichtig, wenn wir der Trauer verschiedene Namen geben. Auch wenn die Trauer immer das Gleiche beinhaltet. Trauern ist ein Teil unseres Lebens. Sie kann jedoch pathologisch werden, wenn wir uns in der Trauer festklammern, weil wir nicht loslassen können oder wollen. Auch ich hatte meine Probleme nach dem Tod meiner Eltern zu trauern. Es ist mir schwergefallen und es gab oftmals Situationen, da musste ich mich beruflich rausnehmen, weil mir die Tränen angefangen sind zu laufen. Gerade deswegen bin ich so aktiv dafür, dass wir einfach Zeit nehmen sollten zu trauern. Wir brauchen die Trauer für uns und unsere weitere Entwicklung. Trauern zu können ist eine Aufgabe in unserem Leben.

Ich möchte noch ein wenig auf die pathologische Trauer eingehen. Für einige von uns wird die Trauer pathologisch. Es fühlt sich so an, wie eine Spirale, aus der es kein Entkommen gibt. Die Spirale dreht sich weiter und weiter und wir können ihr nicht entrinnen, weil wir es nicht gelernt haben damit umzugehen.

Trauer kann körperliche oder auch seelische Schmerzen verursachen. Wir können diese zwar einige Zeit lang von uns schieben, aber der Schmerz holt uns wieder und wieder ein, bis wir gelernt haben damit umzugehen und diesen loszulassen. Sich mit dem eigenen Schmerz zu verbinden, mit ihm umgehen zu lernen, ihn zu akzeptieren und ihn dann auf den Weg des Loslassens zu begeben, ist ein Lernprozess, den wir als Kind schon lernen sollten. Lernen wir dies nicht, kann aus diesem Schmerz ganz besonders in der Zeit der Trauer etwas Pathologisches entstehen. Hier nimmt die Trauer so viel Raum ein, dass uns die Luft zum Atmen genommen wird. Wir haben das Gefühl an dem Schmerz zu ersticken, weil wir nicht gelernt haben damit umzugehen. Weil wir nicht wissen, wie wir damit umgehen können oder auch wollen oder dürfen. Wir müssen keine Schmerzen aushalten. In keiner Situation und in keinem Alter. Seelische Schmerzen benötigen Gespräche, Therapien und auch Ruhe. Sie sollten ganzheitlich behandelt werden und nicht einfach mit Medikamenten ruhiggestellt werden. Denn dieser Schmerz bricht irgendwann doch wie ein Vulkan aus uns heraus und benötigt professionelle und langjährige Hilfe. Warum also nicht Raum und Zeit geben, um die Trauer zu verarbeiten?

Ich habe mich während meiner beruflichen Laufbahn auch immer wieder mit Bestattern unterhalten. Alle sind der Ansicht, dass Trauer einfach Raum und Zeit benötigt und jeder sich die Zeit nehmen soll.

Corona verändert unsere Gesellschaft. Wir können von einem Menschen, der an oder mit Corona verstorben ist, nicht so Abschied nehmen aufgrund der geänderten Situation. Das verändert auch das Trauern. Da wir in einer sehr digitalisierten Welt leben, gibt es uns jedoch auch die Chance die Welt anders zu sehen und es eröffnet dem Trauern neue Möglichkeiten.

Corona hat viele von uns einsam sterben lassen. In den ersten Wellen starben Menschen an und mit Corona oftmals einsam auf den Intensivstationen der Welt. Keiner war da, der die Hand gehalten hatte, weil der Umgang mit dem Virus doch noch nicht erprobt war, weil keiner genau wusste, wie man mit der Erkrankung und den Nebenwirkungen umzugehen wusste. Auch in den Pflegeheimen der Welt sind viele Menschen aus Einsamkeit gestorben. Corona hat uns verändert. Einige von uns leben jetzt bewusster im Hier und Jetzt. Andere leugnen Corona weiterhin.

Für Angehörige ist das Abschied nehmen schwieriger, wenn sie einen Menschen an oder mit Corona verloren haben. Sie können nicht so Abschied nehmen, wie es sonst so war. Die Abschiedskultur hat sich aufgrund der Veränderungen in der Gesellschaft und der Gesetze anders weiterentwickelt.

Die Bestattungen wurden nur noch bedingt zugelassen im kleinen Kreis. Nicht jeder durfte mehr Abschied nehmen, weil auf den Friedhöfen nur noch die nächsten Angehörigen dabei sein durften. Corona hat uns verändert, hat unsere Trauerkultur etwas reformiert.

Gedenkseiten im Internet, Kondolenzbücher, Trauerseiten haben mehr denn je Zulauf gefunden. Es entwickelt sich etwas Neues, etwas anderes. Und dennoch brauchen wir die Möglichkeiten Abschied nehmen zu können. Dazu möchte ich gerne mit den Trauerritualen näher drauf eingehen.

Trauerrituale

Wir alle benötigen nach dem Tod eines geliebten Menschen die Möglichkeit zum Trauern. Doch wie können wir in der heutigen Zeit uns diese nehmen um Trauern zu dürfen? Wir leben in einer Gesellschaft die Funktionalität erwartet und auch voraussetzt. Für Gefühle oder anderes ist kaum Platz und auch wenig Verständnis.

Hier möchte ich aus eigener Erfahrung gerne anknüpfen und Ihnen auch gleich die neue App empfehlen. Weil ich einfach weiß, wie schwierig es ist, mit der Trauer umgehen zu lernen. Meine App sieht sich als Wegbegleiter und Sie können das Angebot so lang nutzen, wie Sie es für sich brauchen. Gerne auch ein Leben lang.

In vielen Gesprächen habe ich erfahren, dass es auch hier in der Schweiz je nach Kanton Trauerrituale gibt. Die Frage ist jedoch, was wir unter Trauerritualen verstehen. Jeder Mensch hat seine eigenen Rituale, um mit dem Tod umzugehen, doch viele von uns fühlen sich in und mit dem Schmerz allein gelassen. Trauer braucht Raum und Zeit. Nicht nur Trennungen können zur Trauer führen, auch das Ableben eines geliebten Menschen hinterlässt eine tiefe Lücke in unserem Leben. Während wir nach einer Trennung nach einiger Zeit wieder Mut fassen und uns dem Leben neu stellen, stellt uns der Tod des geliebten Menschen vor ungeahnte Herausforderungen. Wie können und wollen wir trauern? Welche Rituale gibt es?

Für mich als trauernder Angehöriger ist es wichtig, meine eigene Trauerecke zu haben. Hier habe ich nicht nur ein Bild meiner Eltern stehen, sondern auch die Urne meines verstorbenen Hundes. Es gibt feste Tage in meinem Leben, da nehme ich mir bewusst Zeit, um ins Gespräch mit meinen Eltern zu gehen und mit meinem Hund. Viele mögen dies vielleicht nicht verstehen können oder wollen. Aber Gespräche mit Verstorbenen zu führen, kann uns den Abschied erleichtern. Es ist für mich ein sehr intensives Erlebnis, kommen hier doch auch Gefühle hoch, die ich betrauern möchte. Eltern sind in unserem Leben etwas Einmaliges. Egal wie alt wir sind, so sind und bleiben sie unsere Eltern. Zu unseren Eltern haben wir eine besondere Bindung und daher fällt es hier auch sehr schwer diese loszulassen, wenn sie versterben. Wir alle müssen loslassen lernen. Loslassen ist ein schmerzhafter Prozess, denn wir bereits als Kind kennenlernen sollten. Daher sollten wir dies unseren Kindern schon früh beibringen.

Doch welche Rituale gibt es und welche kann und möchte ich in meinem eigenen Leben implementieren?

Eine sehr schöne Sache finde ich, eine Locke oder ein Haar abzuschneiden und das Ganze dann weiterverarbeiten zu lassen in einen Kugelschreiber oder einen Füller oder irgendetwas andres. Franz Zetzl von Gedrechselte Unikatehttp://www.gedrechselte-unikate.de macht dies zum Beispiel in Deutschland. Er verarbeitet die Haare von Tieren oder Menschen in seinen Produkten und gibt uns etwas an die Hand, womit wir weiterleben können. Ich für mich habe mir einen Füller bestellt mit den Haaren meiner Liebsten. Ich schreibe für mein Leben gerne auch Gedichte und es ist für mich eine Wohltat, meinen Angehörigen in diesen Momenten sehr nahe sein zu können. Gerade in den Wintermonaten ist dies für mich sehr wertvoll, ist die Welt draußen doch grau und leer, so lebt in meinem Herzen die Farbe der Erinnerung weiter.

Es gibt viele Möglichkeiten für Trauerrituale. Für Kinder ist es oftmals wichtig Briefe zu schreiben, Bilder zu malen und Luftballons steigen zu lassen. Wir sollten unsren Kindern dies lassen, sie finden oftmals ihre eigene Form der Trauer. Manchmal reden sie auch mit den Verstorbenen, weil sie sie sehen, was nicht jedem von uns mehr möglich ist, weil wir uns selbst von unserem innersten weit entfernt haben.

Vielleicht nimmt ihr Kind auch einfach sein Kuscheltier mit, was er von Oma oder Opa bekommen hat. Dies wird für das Kind wie ein Heiligtum, weil es ihn an Oma oder Opa erinnert. Lassen Sie dies ihrem Kind. Tun Sie es nicht ab und verurteilen Sie ihr Kind nicht. Das Kind braucht diese Form der Trauer für sich selbst.

Manchmal ist es auch der Pullover des Papas oder vom Opa oder der Hut. Auch ich habe heute noch so Tage, da ziehe ich den Pullover meines Vaters an, weine eine Runde, weil ich ihn vermisse oder nehme die Kochschürze meiner Mama, weil sie mir so fehlt und beim Kochen doch so nahe ist. Schaffen Sie sich ihre eigenen Rituale.

Ihre Trauer braucht Zeit, sie braucht einen Raum, wo sie gelebt werden darf. Schließen Sie nicht ihre Augen oder ihre Gefühle davor.

Eine weitere Art, um zu trauern ist es, sich vom Bestatter eine Totenmaske erstellen zu lassen. Es kommt heute zwar seltener vor, aber dennoch gibt es Menschen, die ein Abbild vom Menschen möchten. Die Totenmaske ist eine Möglichkeit dazu. Da der Mensch oftmals zufrieden aussieht und einen ganz anderen Ge-

sichtsausdruck hat. Andere möchten vielleicht einen Fingerab-
druck oder eine Hand in Gips haben. Es gibt viele Formen eine
letzte Erinnerung an den geliebten Menschen zu erhalten.

Für die ältere Generation von uns, sind Beerdigungen und die
Trauertafel, auch Leichenschmaus genannt noch gang und gebe.
Doch auch hier hat sich durch Corona vieles verändert. Es ist
nicht mehr so wie es mal war, innerhalb der Gesellschaft. Die Bestatter gehen inzwischen mit der Zeit und es gibt die ein oder andere Bestattungsform, die mir persönlich auch sehr gut gefallen
würde.

Ich habe mit Florian Krause gesprochen, er ist Begründer von
Tree of Life, eine neue Bestattungskultur, wo die Asche des Ver-
storbenen über mehrere Monate einem vorab ausgesuchten
Baum zugeführt wird, damit der Tote in unserer Erinnerung im
Baum weiterlebt. Diese Form ist gerade erst in der Entstehung
uns ihre Entwicklung noch nicht so bekannt. Ich selbst finde diese
Idee sehr gut, weil es ein wenig das Weiterleben signalisiert über
Generationen hinweg, wenn man es so möchte. Leider ist die
Homepage noch in der Entstehung, so dass ich hierzu nur einen
Link anbringen kann. Unter www.tree-of-life-baumbestattung.de
finden Sie Informationen und Bilder und vielleicht ist diese Op-
tion auch für Sie eine Chance Abschied zu nehmen.

Wie bereits erwähnt ist die Gesellschaft im Wandel. Während früher die Trauerrituale doch sehr geprägt waren, befinden wir uns
jetzt in einer digitalisierten Welt. Wir haben die Chance unseren
Hinterbliebenen Videobotschaften zusenden, Nachrichten zu
hinterlassen für die, die wir kennen und lieben. Das ging früher
nicht so einfach. Manchmal war es einfach der Gang zum Friedhof, der uns den Verstorbenen nähergebracht hat. Viele Menschen suchen auch heute noch die Friedhöfe auf, weil sie sich dort
ihren Verstorbenen näher fühlen. Auch ich gehe, wenn ich in der

Heimat bin an das Grab meiner Eltern, setze mich an den Grabstein und führe stille Gespräche mit meinen Eltern. Wenn ich Sorgen oder Nöte haben, wenn sie mir fehlen oder ich einfach mal nicht mehr weiterweiß, nutze ich auch jetzt Jahre später die Chance sie nach einer Antwort zu fragen. Manchmal bekomme ich direkt eine Antwort, manchmal dauert es einige Zeit lang. Das ist je nach Frage sehr unterschiedlich. Da ich leider viele Kilometer entfernt der Heimat wohne, habe ich es mir angewöhnt, meine eigene Trauerecke zu gestalten. In dieser Ecke steht ein Bild meiner Eltern, mein verstorbener Hund, der Gipsabdruck meines Hundes, Kerzen und ein Buddha-Zimmerbrunnen mit Beleuchtung. Es gibt feste Tage in meinem Leben, da ist mir danach ihnen einfach nahe zu sein, im Bett liegen zu können und zu weinen, den Brunnen anzumachen und dem Fluss zuzuhören. Das sind so Tage, wie ihre Geburtstage, ihre Todestage oder einfach mal so, wenn die Trauer mich selbst zu überrollen scheint.

Welches Trauerritual für Sie wichtig werden wird, probieren Sie es einfach für sich aus. Fühlen Sie in sich hinein und schauen Sie, mit welchem Trauerritual fühlen Sie sich gut aufgehoben. Die Rituale sind so unterschiedlich wie wir Menschen. Einer meiner Interviewpartner sagte mir in meinen Gesprächen, das mit der Entwicklung der Fotografie die Friedhofskultur gestorben ist. Das stimmt schon ein wenig. Seitdem wir mehr Bilder machen können und auch Bilder unserer Vorfahren und auch Verstorbenen haben, nutzen wir diese Chance. Wir gehen weniger auf Friedhöfe, um ihnen nahe zu sein. Wir haben sie zu Hause, wir können Bilder und auch Videos betrachten. Aber die Toten finden hier bei uns so keine Ruhe, wenn wir der Totenruhe keinen Raum geben. Wir brauchen einen Ort, an dem wir trauern können. Einen Ort der Ruhe, für stille Gespräche, wo wir weinen können und auch dürfen. Es gibt so vieles was wir für uns machen können, um Abschied nehmen zu dürfen.

Es gibt Rituale, die fühlen sich für den ein oder anderen makaber an, aber sie sind eine Form des Abschiednehmens. Früher wurden die Verstorbenen zu Hause aufgebahrt, ein jeder konnte Abschied nehmen, dem Toten noch etwas mit auf den Weg geben. Ich bin so froh, dass wir meine Mutter zu Hause noch aufgebahrt zu Hause hatten. Es war in den ersten Stunden so unwirklich, so ungreifbar und doch war es so endlich. Es gab so viele Dinge, die ich an ihrem Totenbett ihr noch so mitgeteilt habe, was ich ihr persönlich mit auf die Reise gegeben habe. Ich habe mir von meiner Mutter eine Locke abgeschnitten, sie ist immer hier bei mir, auch wenn sie nicht mehr auf dieser Erde weilt. Diese Locke habe ich aufbewahrt, in einem eigenen Kästchen und manchmal, wenn sie mir fehlt und die Kochschürze sie mir nicht näherbringt, nehme ich dieses Kästchen hervor und trauere.

Meine Form der Trauer hat sich im Laufe der Jahre geändert, dennoch erlaube ich es mir zu trauern. Mir Zeit dazu zu nehmen.

Wir alle haben Rituale. Doch wenn es um das Trauern geht, gestehen wir uns keine Rituale ein. Feste Rituale geben uns Halt und Sicherheit und helfen uns in den schwersten Stunden unseres Lebens.

Verliert man sein Kind oder seinen Partner durch einen Unfall, so stellen viele, sofern es machbar ist an der Unfallstelle ein Kreuz mit Blumen auf. So haben sie für sich einen Ort, an dem sie trauern können. Ist es eine vielbefahrene Straße ist dies schwierig, aber dennoch machbar. Manche fotografieren die Unfallstelle und stellen sich zu Hause ein Foto damit auf, damit sie eine Erinnerung haben. Doch nicht immer ist dies gewünscht und manchmal muss man leider davon Abstand nehmen, wenn es von der Bevölkerung an einer bestimmten Stelle nicht gewünscht ist. Das macht es für einen trauernden Menschen umso schwieriger, weil es sich in und mit seiner Trauer allein gelassen und auch nicht verstanden fühlt.

Wir sollten so fair sein und jedem Menschen die Chance geben so zu trauern, wie er es für sich braucht. Wie es ihm gut tut. Wir haben kein Recht einem Menschen das Trauern zu nehmen oder ihn diesbezüglich zu verurteilen.

Wenn wir um Kinder trauern, so wird dies sehr deutlich. Wir trauern um Kinder anders als um einen älteren verstorbenen Menschen. Kinder sind in unseren Augen zu jung, um zu sterben. Gerade Sternenkinder, die tot zur Welt kommen oder Kinder, die schwerkrank auf diese Welt kommen und kurz darauf versterben. Wir verstehen dies nicht. Wir können es nicht nachvollziehen und wir zweifeln in diesen Momenten an uns und stellen alles in Frage. Für uns ist es sehr schwierig, wenn Kinder sterben. Wir sind wütend, traurig, befinden uns in einem Wechselbad der Gefühle und wir suchen die Schuld, bei uns, bei anderen und auch bei Gott oder an welche Religion Sie auch glauben. Wir sind in den ersten Stunden, Tagen und Wochen verloren, brauchen viel mehr Zeit, weil es so unwirklich scheint. In dieser Zeit gewinnen Trauerrituale eine andere Bedeutung für uns. Stirbt das ungeborene Leben im Mutterleib, so ist es für die Mutter, die dieses Kind auf die Welt bringen muss, ein sehr emotionaler und intensiver Weg. Auch wenn sie begleitet wird, so muss sie doch mit ihren eigenen Gefühlen, mit den Veränderungen am Körper und mit dem Verlust umgehen.

Nach dem Tod

N ach dem Tod eines Verstorbenen ist es üblich das Fenster zu öffnen, damit die Seele des Verstorbenen entweichen kann und sie nicht im Raume bei den Hinterbliebenen bleibt. Auch dieses Fensteröffnen gilt als Trauerritual, zollt es dem Toten doch Respekt, damit seine Seele aufsteigen kann.

Auch das Schließen der Augen und des Mundes, welche nach einiger Zeit dem Toten ein friedliches Aussehen geben, gilt als Respekt gegenüber dem Verstorbenen.

Ebenfalls die letzte Waschung, das Ankleiden des Verstorbenen wird zum Teil von den Angehörigen übernommen. Ist der Verstorbene zu Hause verstorben, werden oftmals der Arzt und der Priester über das Ableben informiert. Der Arzt stellt den Tod offiziell fest und füllt die Formulare für die Ämter aus. Ist man sehr religiös und hat einen Priester hinzugerufen. Am Abend des Verstorbenen ertönt in der Gemeinde die Totenglocke, die signalisiert, dass ein Gemeindemitglied verstorben ist. Im Regelfall ist es meistens die größte Glocke, da sie weit über das Land hin hörbar ist.

Wenn es die Angehörigen wünschen, kann der Verstorbene noch aufgebahrt werden. Dies ist jedoch von Ort zu Ort unterschiedlich. Während es früher üblich war, den Toten bis zu 36h zu Hause aufzubahren, damit jeder Abschied nehmen konnten, so hat es sich inzwischen eingebürgert den Toten beim Bestatter aufzubahren.

Leider ist damit ein wenig das Ritual des Abschiednehmens reduziert worden. Jemanden zu Hause aufzubewahren, war für die Angehörigen, Freunde und Bekannten die Möglichkeit sich in Ruhe verabschieden zu können. Somit hatten sie die Chance das Unbegreifliche langsam zu begreifen.

So ähnlich ging es mir auch. Ich bin heute noch dankbar dafür, dass wir die Chance hatten, dass meine Mama zu Hause aufgebahrt wurde. So konnten wir alle in Ruhe Abschied nehmen. Ich habe meiner Mama einige Haare abgeschnitten, um mein Abschiednehmen zu erleichtern. Eine Mutter zu haben, ist das größte Geschenk was wir Kinder haben können.

Leider ist meine Mama aufgrund einer schweren Erkrankung zu schnell und zu früh von uns gegangen.

Für Kinder ist es schwer, wenn den die Oma oder der Opa gestorben ist. Daher ist es für sie wichtig, dass wir sie bei der Hand nehmen, sie begleiten und ihnen den Tod kindgerecht erklären. Kinder realisieren es je nach Alter sehr unterschiedlich. Sie brauchen ihre Zeit bis sie verstanden haben, das Oma oder Opa nicht mehr wiederkommen. Ich fand es faszinierend zu sehen, wie die Kinder meiner Geschwister mit dem Tod der Oma umgegangen sind und ich zolle ihnen Respekt. Es war für uns alle eine sehr harte Zeit, aber ich finde sie haben es super gemacht. Und ich bin dankbar dafür, dass meine Mama noch einige Zeit zu Hause aufgebahrt wurde. Somit wurde das Abschiednehmen reeller. Sie zu sehen, ihre kalte Haut zu spüren, zu sehen das sie nicht mehr atmet, das jegliches Leben in ihr verloschen ist. Es hat das Abschied nehmen ungemein erleichtert, auch wenn die erste Zeit nach ihrem Tode sehr hart für uns alle war.

Wenn Sie die Möglichkeit haben, so nutzen Sie diese. Lassen Sie ihren Verstorbenen zu Hause aufbewahren, damit Sie in Ruhe Abschied nehmen können. Es macht den Abschied für Sie im Laufe der Zeit leichter.

Die Trauerfeier

Als Trauerfeier oder auch Gedenkfeier nimmt man würdevoll Abschied von dem Verstorbenen. Sie ist genauso individuell wie der Verstorbene selbst und hat nur klassifiziert einen Rahmen.

Im Regelfall steht der Sarg oder dir Urne im Mittelpunkt. Meist stehen sie erhöht, so dass sie für alle Trauernden sichtbar ist. Die Trauernden gehen am Beginn oder erst am Ende in den Abschiedsraum oder in die Friedhofskapelle, um dem Toten im Stillen zu Gedenken.

Bei Trauerfeiern sitzen die Angehörigen in den ersten Reihen der Kirche. Viele Trauerfeiern beginnen mit einem Musikstück, dann folgt entweder ein Gebet oder eine Rede. Manchmal wird einfach für einen kurzen Augenblick geschwiegen. Je nachdem was die Angehörigen sich für die Trauerfeier gewünscht haben. War der Verstorbene katholischen Glaubens, so hat der Ablauf bestimmten Regeln und Ritualen zu folgen. Es ist schön, wenn sich die Angehörigen bei der Trauerfeier, bei der Dekoration einbringen können und die Abschiedsräume nach ihren Wünschen gestalten dürfen. Für sie ist es somit ein wenig leichter Abschied zu nehmen, auch wenn das Abschiednehmen als Prozess des Loslassens schwierig ist.

Es verursacht immer wieder Gänsehautfeeling, wenn ein Organist, ein Sänger oder aber auch ein Saxophonist auf der Trauerfeier anwesend sind. Viele fühlen sich dann emotionaler und die Tränen fließen, gleichzeitig ist es aber eine Ehrerbietung für den Verstorbenen.

Vielerorts dürfen die Angehörigen noch Blumen mitbringen und diese vor dem Sarg oder an der Urne ablegen. Viele geben sie jedoch erst zum Schluss ab, das ist jedem selbst überlassen. Je nachdem was sich die Angehörigen vorab auch gewünscht haben.

Während früher die Trauerrede gelesen wurde durch den Geistlichen, kommt es inzwischen immer mehr auf, das Trauerredner engagiert werden, die eine Trauerrede auf den Verstorbenen halten.

Es gibt oft so Momente, in denen fehlen uns einfach die Worte. Trauerfeiern, die Begegnung mit den Angehörigen des Verstorbenen sind so kurze Zeiten, wo wir nicht wissen, was wir sagen sollen. Vielen hilft es, wenn wir eine Trauerkarte senden, weil wir dann unser Mitgefühl ausdrücken können. Doch auch dies hat sich gewandelt im Laufe der Digitalisierung. Heutzutage haben wir Menschen die Chance Kondolenzbücher auf Gedenkseiten online zu stellen. So können nahe Angehörige, Kinder und Enkelkinder, Geschwister, Freunde und Bekannte uns ihre Anteilnahme aussprechen ohne dass es im direkten Kontakt ist.

Durch Corona wird dies noch viel mehr und auch intensiver zelebriert, weil wir nicht mehr einfach so Abschied nehmen können oder die Trauergemeinde auf ein Minimum reduziert wurde.

Trauerfeiern oder auch Gedenkgottesdienste wandeln sich seit Jahren schon. Trauerfeiern so wie ich sie kenne, gibt es immer weniger. Die Zeiten haben sich geändert. Das Sterben ist zwar das gleiche, aber unser Umgang ist ein anderer geworden.

Meine Oma hatte ihre Beerdigung selbst bestimmt. Sie wollte ein anonymes Grab, weil sie nicht wollte, dass eines ihrer Kinder die Grabpflege machen sollten, weil alle ihre Kinder weiter weg wohnten.

Meine Oma und auch meinen Vater kurz darauf aufgebahrt auf dem Friedhof zu sehen, friedlich schlafend, war für mich ein sehr intensives und auch einschneidendes Erlebnis. Uns Pflegekräften oft gesagt das es uns nichts ausmachen sollte, wenn ein Mensch stirbt. Aber es ist dennoch etwas anderes, wenn die eigenen Eltern oder Großeltern versterben. In diesem Augenblick sind wir persönlich betroffen, weil es uns unser eigenes Leben widerspiegelt.

Sterbebilder

In einem früheren Leben, also im Leben meiner Eltern und auch Großeltern waren Sterbebilder für die Angehörigen und die Trauergemeinde sehr wichtig. Mit einem Sterbebild haben Angehörige und auch die Trauergemeinde noch einmal ein Bild des Verstorbenen erhalten, ein Zitat und die Sterbedaten. Sterbebilder zu verteilen ist ein religiöses Ritual, welches seit Jahrhunderten in der katholischen Kirche gemacht wird. Doch in Zeiten der zunehmenden Digitalisierung gerät dies langsam in Vergessenheit. Sterbebilder wurden oft während der Trauerzeremonie verteilt. Für die Hinterbliebenen, die Freunde und Bekannte des Verstorbenen war es noch einmal ein kleiner Gruß der Erinnerung.

Sterbebilder wurden mit nach Hause genommen. Sie waren dafür da, um sich des Verstorbenen zu erinnern, wann immer einem danach war. Es war die Begebenheit nochmal Abschied zu nehmen in Ruhe zu Hause. Sterbebilder enthielten den Namen, oftmals auch den Beruf, Geburts- und Sterbedatum und ein Bibelzitat. Heute gibt es viele Druckereien, die einem die unterschiedlichsten Sterbebilder aufzeigen und ihre Gestaltungsmöglichkeit.

Ich finde, es ist ein sehr schöner Brauch, den wir weiterhin pflegen sollten.

Abschied nehmen mit Kindern

Wenn Kinder ihre Eltern verlieren oder ihre Großeltern oder ein Geschwisterchen, so ist es sehr wichtig ihnen in dieser auch für sie schweren Zeit Halt zu geben.

Kinder brauchen gerade dann mehr Zeit, weil sie den Tod noch nicht greifen oder auch begreifen können. Sterben kommt in ihrer Weltansicht noch nicht so wirklich vor und sie können damit nicht umgehen, dass die Oma oder der Opa jetzt im Himmel ist. Kindern den Tod zu erklären, stellt jedes Elternteil vor eine Herausforderung. Hier ist ein großes Einfühlungsvermögen gefragt, was sich als schwierig zeigen kann, wenn man selbst gerade die Mutter oder den Vater verloren hat.

Kinder verstehen den Tod sehr unterschiedlich und je nach Alter. Wenn wir Kindern den Tod erklären müssen, dann sollten wir sie nicht belehren, sondern versuchen ihre Fragen zu beantworten. Lassen Sie das Kind das Gespräch leiten. Seien Sie ehrlich, denn Kinder haben ihr eigenes Gespür für die Wahrheit.

Kinder trauern auch anders als Erwachsene. Für sie ist es wichtig, dass wir sie in ihrer Trauer lassen und sie ernst nehmen. Kinder entwickeln auch ihre eigenen Trauerrituale. Manch einer nimmt das Bild von Oma und Opa und will es im Zimmer aufgestellt haben. Der andere schläft nur noch mit dem Teddybären, welcher er von den Großeltern bekommen hat. Schimpfen Sie ihr Kind nicht. Ihr Kind hat genauso das Recht zu trauern wie Sie auch.

Je nach Alter des Kindes können Sie unterschiedliche Rituale entwickeln für sich und das Kind. Gehen Sie mit dem Kind an den Ort, wo Oma oder Opa gerne war. Lassen Sie mit ihrem Kind einen Luftballon steigen. Schreiben Sie Briefe an Oma und Opa. Kinder denken oft das der Verstorbene einfach kaputt ist oder einen langen Schlaf schläft wie in Dornröschen. Aber dem ist nicht so. Nicht alles kann man reparieren. Wir können es den Kindern nur kindgerecht erklären und mit ihnen gemeinsam Abschied nehmen.

Kinder spüren es, wenn wir sie nicht ernst nehmen, wenn wir ihre Fragen abtun oder sie als nicht wichtig erachten. Kinder merken sich das und verschließen sich dann vor einem Thema, was für ihre Entwicklung sehr wichtig ist.

Bauen Sie Abendrituale ein, beim Abendessen, beim Einschlafen oder vor dem Zubettgehen. Ist das Kind zu Hause mit Oma und Opa aufgewachsen und der Platz ist jetzt leer, stellen Sie eine Kerze auf und zünden Sie diese an. Es erleichtert Ihnen und dem Kind das Abschied nehmen. Sie wissen der verstorbene Mensch ist in dem Augenblick sehr nahe.

Einige Kinder können eine Zeitlang den Verstorbenen noch sehen und sagen das sehr deutlich. Für uns Erwachsene ist das sehr erschreckend und viele Kinder fallen in Unmut, wenn sie dies sagen.

Bitte nehmen Sie ihr Kind ernst. Kinder haben eine andere Wahrnehmung als wir Erwachsene und sind noch etwas feinfühliger als wir es sind. Respektieren Sie es, wenn ihr Kind ihnen sagt das der Opa oder die Oma gerade hinter ihnen steht. Natürlich ist das für uns Erwachsene erst einmal ein Schreckmoment, weil wir nicht sehen oder glauben können. Glauben Sie ihrem Kind. Das ist sehr wichtig für seine weitere Entwicklung.

Trauerzeremonie

Wenn jemand stirbt, stellen sich für die Angehörigen viele Fragen. Was wollte der Verstorbene bezüglich seiner Beerdigung? Wie gestaltet sich die Trauerzeremonie? Macht man noch eine Trauerzeremonie?

Leider kommt es für eine Trauerzeremonie erst dann zum Tragen, wenn ein Mensch bereits von uns gegangen ist. Will man diesem vorbeugen, kann man bereits vorab mit dem Bestatter seine Beerdigung und die damit verbundene Trauerzeremonie gestalten. In der Trauerzeremonie kommt der Lebensweg des Verstorbenen zum Tragen.

Ein Bestatter erfragt im Gespräch was für die Hinterbliebenen wichtig ist. Die Rede am Grab oder auch in der Kirche ist ein wichtiger Bestandteil und ist mit weit auch Trauerverarbeitung. Bei der Trauerzeremonie wird würdevoll vom Verstorbenen Abschied genommen.

Trauerzeremonien kommen in allen Kulturen der Welt vor. Sie helfen uns Abschied zu nehmen von dem Verstorbenen. Sie gibt uns die Kraft den letzten Weg zu gehen und die Erinnerung zu behalten.

Trauerredner unterstützen diese Zeremonien, manchmal erfolgt auf Wunsch der Angehörigen auch ein kurzer musikalischer Gruß, um den Verstorbenen in Würde gehen zu lassen.

Sie dienen dazu Altes abzuschließen und der Zukunft Platz zu machen. Bei dieser Zeremonie geht es nicht nur darum, Abschied zu nehmen, sondern den Verstorbenen in liebevoller Erinnerung zu behalten.

Wir vergessen leider allzu oft, dass wir auch irgendwann dem Tod begegnen. Wir haben bereits jetzt die Möglichkeit uns mit unserem eigenen Tod, unserem eigenen Abschied und unserer Trauerzeremonie auseinander zu setzen. Manch einer regelt dies mit Eintritt ins Rentenalter.

Ich kannte einmal eine alte Dame, die bereits früh ihre Beerdigung geplant hatte. Sie war überkorrekt und machte sich frühzeitig Gedanken darüber. Dementsprechend war ihre Trauerzermonie auch gestaltet. Sie war ein sehr musikalischer Mensch und es ging unter die Haut, ihre letzten Worte bei ihrer Trauerfeier zu hören.

Das hatte sie sich nicht nehmen lassen. Machen wir es also so wie sie und machen wir uns rechtzeitig Gedanken, damit unsere Angehörigen in Ruhe trauern können.

Die Beerdigung

Heutzutage gibt es so viel verschiedene Formen der Beerdigung. Ich gehe deshalb kurz darauf ein, weil auch die Beerdigung zu den Trauerritualen gehört. Wie eine Beerdigung gestaltet wird, hängt davon ab, was sich der Verstorbene gewünscht hat oder was er festgelegt hat.

Beerdigungen laufen je nach Religion nach festgelegten Kriterien ab. Daher ist es sehr wichtig, alles in Ruhe zu besprechen. Die Musik für die Trauerzermonie, die Beerdigung selbst, die Trauerrede zu besprechen.

In der Schweiz ist es möglich, die Asche des Verstorbenen zu verstreuen. Nicht jeder möchte eine Beerdigung im klassischen Sinne. Wir brauchen aber eine gewisse Form des Abschiednehmens.

Feuerbestattungen sind heute aktueller denn je, weil die Verstorbenen zum Teil ihren Angehörigen später nicht mehr zur Last fallen möchten mit der Grabpflege. Unsere Bestattungskultur hat sich in den letzten zwanzig Jahren massiv verändert. Während mein Großvater noch auf dem Kirchhof beerdigt wurde, eine klassische Erdbestattung, wollte meine Oma anonym beerdigt werden, weil sie keinen mit der Grabpflege belasten wollte. So hat meine Oma selbst vorgesorgt.

Früher hatte sie immer zumindest zu mir gesagt, dass sie ihren Körper der Medizin zur Verfügung stellen wollte, damit diese die Beerdigungskosten übernehmen. Im Alter ist sie dann aber davon immer mehr abgekommen.

Unter www.bestatter.de finden Sie alle Formen der Beerdigung. Langsam entwickeln sich neue Bestattungsformen in Deutschland. Wie sich die Gesellschaft im Laufe der Jahrhunderte wandelte, so wandelt sich auch unsere Bestattungskultur im Laufe unseres Lebens.

Wenn wir auf der Beerdigung am Grabe stehen und unserem Verstorbenen das letzte Geleit geben, so sind wir für den Moment dankbar, wenn wir nicht mehr Erde auf den Sarg werfen müssen. Auch dies hat sich glücklicherweise geändert. Inzwischen stehen auf vielen Friedhöfen Schalen mit Blumen, Sand oder Blütenblättern zur Verfügung. Das Geräusch von fallender Erde auf den Sarg hat bei vielen Hinterbliebenen ein mulmiges Gefühl hinterlassen.

Es ist doch schöner, Blumen ins Grab zu werfen oder Sand. Die Symbolik ist dieselbe, aber das Geräusch doch noch etwas anderes.

Wenn Kinder sterben

Für Eltern ist es sehr schwierig, wenn Kinder sterben, sei es im Mutterleib als ungeborenes Wesen oder aber auf dem Schulweg oder auf dem Heimweg von einer Feier.

Hier bedarf es einer sehr einfühlsamen Gestaltung des Abschiedes, denn für Eltern ist es schwer, wenn sie ihr Kind zu Grabe tragen müssen.

Ist das Kind aufgrund einer schweren Erkrankung verstorben, werden die Eltern oftmals bereits vorab seelsorgerisch begleitet, um ihr Kind loslassen zu können. Dennoch ist dieser Weg mit einer der schwersten den wir gehen müssen.

Bei Trauerfeiern für Kinder gehen Bestatter im Regelfall sehr einfühlsam mit den Eltern und den Geschwistern um. Hier wird die Beerdigung sehr emotional sein und sie braucht alle Liebe, die wir als Eltern aufbringen können, um diesen Weg zu gehen.

Die Trauerfeier, die Abschiedszeremonie und alles zu planen. Das sind für Eltern sehr bewegende Momente. Angefangen vom Aussuchen des Sarges, die Überlegungen bezüglich der Trauerfeiern und der Zeremonie ist so komplex wie sie individuell ist.

Daher lege ich Eltern nur ans Herz, gestalten Sie den Abschied von ihrem Kind so wie es für Sie wichtig und gut ist. Lassen Sie sich in den Abschied nicht reinreden, achten Sie auf ihre Gefühle, darauf was Ihnen und ihrem Kind wichtig war. Vielleicht gehen sie auf die Hobbies des Kindes ein oder auf seine Vorlieben.

Gestalten Sie die Abschiedsfeier von ihrem Kind danach, was Sie für richtig erachten und was Ihnen den Schmerz erleichtert in dieser schweren Zeit.

Vielleicht war ihr Kind schwer erkrankt und hat Ihnen bereits am Krankenbett gesagt, wie es einmal beerdigt werden will. Kinder fühlen, wenn sie sterben, ganz besonders dann, wenn sie erkrankt sind.

Verlieren Sie Ihr Ungeborenes, sieht es natürlich anders aus. Inzwischen gibt es glücklicherweise Zeremonien, damit Sie sich von Ihrem Kind verabschieden können. Aber auch hier, lassen Sie sich Zeit, lassen Sie sich nicht drängen. Es ist Ihr gutes Recht, Zeit zu fordern. Es sind oftmals nur wenige Stunden, die Sie mit dem Ungeborenen verbringen dürfen.

Wenn Sie eine gute Hebamme haben, lassen Sie sich beraten bezüglich der Bestattungsmöglichkeiten.

Bei all dem Abschiedsschmerz bitte bedenken Sie, Sie sind nicht allein. Tauschen Sie sich aus mit anderen Betroffenen, nutzen Sie mein Forum zum Austausch.

Unsere Zeit hat sich gewandelt, Sie haben die Chance für den Sternenfriedhof. Sie können Ihr Kind auch je nach Ort in einer Urne mit nach Hause nehmen.

Abschiede sind schwer, aber sie sind auch individuell. Sie sind der Anfang eines Prozesses des Loslassens, der mit dem Abschied startet.

Achten Sie auf sich, auf Ihre Gefühle.

Wenn ihr Kind im Fußballverein war und mit seinem Trikot beerdigt werden will, dann machen sie es so. Erfüllen Sie die letzten

Wünsche ihres Kindes. Manchmal sagen Kinder so etwas unbewusst im Laufe ihres Lebens einmal. Wenn wir gut zuhören, wenn wir unsere Kinder ernst nehmen, dann hören wir es ganz genau. Die Wünsche der Kinder, wenn sie einmal sterben sollten.

Wenn Tiere sterben

Ich bin ein wenig irritiert, denn in Deutschland gibt es Tierbe-statter, die Tierbesitzer begleiten, wenn ihr Tier verstirbt. Dies vermisse ich in der Schweiz etwas.

Stirbt das Tier, so fallen auch wir Tierbesitzer in Trauer, weil wir ein Familienmitglied verloren haben. Auch hier dürfen wir trauern, auch wenn nicht alle dafür Verständnis haben.

Es ist ein schwerer Weg für uns Tierbesitzer, wenn wir wissen, dass nichts mehr hilft und wir loslassen müssen. Dennoch bin ich dafür, dass wenn es geht, wir auch bei Tieren den natürlichen Tod bevorzugen sollten. Das geht jedoch auch hier nicht immer krankheits- oder schmerzbedingt.

Wenn Ihnen der Tierarzt sagt, dass es Zeit ist für Ihr Tier zu ge-hen, dann schauen Sie bitte, dass Sie es in der häuslichen Umge-bung machen, dass Sie dabei sind, wenn Ihr Tier seine letzte Reise antritt. Ich weiß das dieser Weg für uns Menschen sehr schmerz-haft und tränenreich ist. Weil wir spüren, wenn unser Tier diese Welt verlässt und uns vorauseilt. Unser geliebtes Tier gehen zu lassen gehört für viele zu den schwersten Gängen in unserem Le-ben, so auch für mich. Meine Hunde zu verlieren, die mich eine lange Zeit in meinem Leben begleitet haben, schmerzt mich auch jetzt bereits, wo ich diese Zeilen schreibe.

Doch auch ich muss mich damit auseinandersetzen, dass unser gemeinsamer Weg irgendwann vorbei ist. Als mein erster Hund starb, war ich leider dienstlich unterwegs und bin nach Hause geeilt. Ich hatte kurz vorher eine CD aufgenommen und mir wurde am Telefon mitgeteilt, dass mein Hund immer zur Türe schaut und auf mich wartet. Mein Hund hätte noch Stunden da gelegen und gelitten, weil meine Familie nicht dazu bereit war zum Tierarzt zu gehen oder diesen zu kontaktieren. Das ist ein Schmerz, der auch heute noch in mir sitzt, auch wenn bereits etwas Zeit vergangen ist.

Ich habe meine Familie damals gebeten den letzten Pulli, den ich getragen habe, meinem Hund ins Bett zu legen, die CD anzumachen, damit der Hund einfach weiß das ich da bin. Kurz darauf ist mein Hund zu Hause entschlafen. Das war eine absolute Horrorfahrt auf der Autobahn und ich bin so dankbar, dass mich ein Freund gefahren hat.

Zu Hause angekommen, fand ich eine aufgelöste Familie vor, es war für mich nach dem Tod meiner Eltern das Schlimmste was mir passieren konnte. Hat mein Hund mich doch Jahre meines Lebens begleitet.

Sein Tier gehen lassen zu müssen ist schmerzhaft, es fehlt ein Stück vom Herzen und man denkt der Schmerz hört nicht auf.

Doch auch hier verändert sich der Schmerz im Laufe der Jahre. Dennoch ist es hart für einen, wenn man nicht dabei sein kann.

Abschied nehmen vom geliebten Tier. Es ist so hart, wenn man den Hund vor einem hat, die Augen sich nicht schließen lassen und alles erstarrt. An dem Abend habe ich lange mit dem Tierkrematorium gesprochen, geweint, meinen Hund im Arm gehalten und eine Kerze angezündet. Für meine Familie war ich in dem Moment glaube ich nicht ansprechbar und es war für mich ein sehr bewegender Augenblick, meine Familie, die den Hund nie so gut leiden konnte, in Tränen aufgelöst zu sehen.

Für das Kind war es auch schwierig, aber sie hatte die Möglichkeit eine Grabbeigabe für den Bestatter zu geben. Ich bin sehr dankbar, dass es Tierbestatter gibt, auch wenn ich mich bei meinem damals nicht sehr gut aufgehoben gefühlt habe. Für mich war es jedoch wichtig, dass wir alle uns verabschieden konnten. Das auch die anderen Haustiere sich dazu legen und verabschieden durften. Besonders meine eine Katze hat, sich seit dem Tod des Hundes sehr verändert. Jetzt ist sie selbst alt und es wird nicht mehr lange dauern, bis auch sie über die Regenbogenbrücke gehen muss.

Wenn Sie Kinder haben, geben Sie ihren Kindern Zeit zum Abschied nehmen, lassen Sie sie Bilder malen oder Briefe schreiben je nach Alter. Bahren Sie das Tier auf, wenn es zu Hause verstorben ist oder sprechen Sie mit dem Tierbestatter, wenn es beim Tierarzt verstorben ist.

Tiere, die uns ein Tierleben lang begleitet haben, haben einen würdigen Abschied verdient. Wir können für uns entscheiden, ob wir das Tier einäschern lassen wollen, auf dem Tierfriedhof oder aber auch im Garten vergraben wollen.

Ich habe mich bei meinem Hund für eine Einzeleinäscherung entschieden. Wir haben Blumen dazugelegt und das Kind hat einen Brief geschrieben. Als der Bestatter den Hund am nächsten Tag abholte, war es sehr heftig für mich bis mit ans Auto zu gehen. Aber das war es mir für mich wert. Meinem Tier sein letztes Geleit zu geben.

Heute steht die Urne meines Hundes in meinem Wohnzimmer, Kerzen stehen davor, aber kein Bild. Ich habe mir den Namen meines Hundes tätowieren lassen, damit ich sie immer bei mir habe. Nach dem Tod habe ich einige Monate gebraucht, um wieder zurück zukommen ins Leben, aber mir ist in dieser Zeit auch vieles bewusst geworden und mein Leben hat sich geändert.

Heute lebe ich bewusster mit den Tieren, die ich noch habe. Ein neuer kam neun Monate später nach dem Tod meines ersten Hundes zu mir und ich bin sehr dankbar für diese sehr eigensinnige Grinsebacke.

Er hat nicht nur mir sondern auch meinen Tieren geholfen mit der Trauer umzugehen und dem Leben einen neuen Sinn gegeben. Ich möchte ihn heute nicht mehr missen und bin dankbar dafür das er in mein Leben getreten ist.

Gestalten Sie sich ihre eigene Gedenkecke

Sie werden sich sicher fragen, warum Sie sich ihre eigene Gedenkecke gestalten sollen. Für uns alle ist es wichtig, einen Ort zu haben, an dem wir trauern können. Nicht jeder von uns möchte auf einem Friedhof beerdigt werden. Möchte ein geliebter Mensch in einem Friedwald beerdigt werden oder auch eine Seebestattung haben, ist es uns nicht immer möglich diesen Ort aufzusuchen. Gerade hier ist es wichtig, dass wir uns einen Ort gestalten, an dem wir auch zu Hause trauern können. Die Gedenkecke können Sie sich unterschiedlich gestalten aus verschiedenen Materialien. Bei einigen ist es Altargleich, aber stellen sich nur Fotos, Kerzen und eine Schale hin. Wie Sie sich diese Gedenkecke gestalten, ist allein Ihnen und ihren Bedürfnissen überlassen. Doch es gibt auch hilfreiche Tipps diesbezüglich. In meiner App werden Sie einige Bilder und Gestaltungsmöglichkeiten finden. Sie können diese Gedenkecke jederzeit umgestalten, jahreszeitlich abbilden. Je nachdem wie sich ihr Herz fühlt und je nachdem wie es Ihnen dabei geht.

Achten Sie darauf was Ihnen dabei gut tut. Am Anfang wird es schwer für Sie sein, sich mit dieser Gedenkecke auseinander zu setzen, weil der Schmerz des Verlustes noch zu groß und zu intensiv ist. Trauer braucht Zeit.

Nehmen Sie sich diese Zeit. Sie müssen tagsüber schon stark genug sein, weil sie Leben und Überleben müssen. Wenn Sie die Trauer zu sehr schmerzt. Geben Sie sich abends die Zeit, um zu weinen, Bilder anzuschauen, in Gefühlen zu schwelgen. All dies hilft Ihnen beim Abschied nehmen.

Stellen Sie Kerzen auf, schreiben Sie oder fangen Sie an zu malen. Alles was Sie mit dem Verstorbenen verbindet ist wichtig für Sie. Trauerverarbeitung ist in der Zeit nach dem Verlust sehr wichtig.

Eine sehr schöne Sache finde ich, eine Locke oder ein Haar abzuschneiden und das Ganze dann weiterverarbeiten zu lassen in einen Kugelschreiber oder einen Füller oder irgendetwas andres. Franz Zetzl von Gedrechselte Unikatehttp://www.gedrechselte-unikate.de macht dies zum Beispiel in Deutschland. Er verarbeitet die Haare von Tieren oder Menschen in seinen Produkten und gibt uns etwas an die Hand, womit wir weiterleben können. Ich für mich habe mir einen Füller bestellt mit den Haaren meiner Liebsten. Ich schreibe für mein Leben gerne auch Gedichte und es ist für mich eine Wohltat, meinen Angehörigen in diesen Momenten sehr nahe sein zu können. Gerade in den Wintermonaten ist dies für mich sehr wertvoll, ist die Welt draußen doch grau und leer, so lebt in meinem Herzen die Farbe der Erinnerung weiter.

Es gibt viele Möglichkeiten für Trauerrituale. Für Kinder ist es oftmals wichtig Briefe zu schreiben, Bilder zu malen und Luftballons steigen zu lassen. Wir sollten unsren Kindern dies lassen, sie finden oftmals ihre eigene Form der Trauer. Manchmal reden sie auch mit den Verstorbenen, weil sie sie sehen, was nicht jedem von uns mehr möglich ist, weil wir uns selbst von unserem innersten weit entfernt haben.

Vielleicht nimmt ihr Kind auch einfach sein Kuscheltier mit, was er von Oma oder Opa bekommen hat. Dies wird für das Kind wie ein Heiligtum, weil es ihn an Oma oder Opa erinnert. Lassen Sie dies ihrem Kind. Tun Sie es nicht ab und verurteilen Sie ihr Kind nicht. Das Kind braucht diese Form der Trauer für sich selbst.

Manchmal ist es auch der Pullover des Papas, oder vom Opa oder der Hut. Auch ich habe heute noch so Tage, da ziehe ich den Pullover meines Vaters an, weine eine Runde, weil ich ihn vermisse oder nehme die Kochschürze meiner Mama, weil sie mir so fehlt und beim Kochen doch so nahe ist. Schaffen Sie sich ihre eigenen Rituale.

Wie ich mir meine eigenen Gedanken mache zur Trauerfeier und Beerdigung?

Neue Wege gehen

Ich weiß, dass ich sehr viele Ideen habe und immer wieder bereit bin neue Wege zu gehen. Mit einem guten Bestatter an Ihrer Seite sollte es kein Problem sein neue Pfade zu beschreiten.

Ich hatte einmal den Fall einer Dame, die mit ihrem verstorbenen Hund zusammen beerdigt werden wollte. Sie hatte das Glück an einen Bestatter zu kommen, der ihr genau diesen letzten Wunsch erfüllte. Leider sieht die Gesetzgebung noch vieles nicht so wie wir es vielleicht möchten. Aber ich denke mir, wenn wir uns dafür einsetzen, dann wird es in einigen Jahren aufgrund des gesellschaftlichen Wandels auch möglich sein.

Heutzutage kommt man immer dazu Feuerbestattungen für die Verstorbenen zu buchen, Urnenbeisetzungen auf dem Friedhof werden weniger. Ein neuer Weg ist auch, einen Baum mit der Asche zu düngen über einen gewissen Zeitraum und diesen dann in den eigenen Garten zu pflanzen und somit die Liebsten näher zu haben.

Wir brauchen neue Wege, wenn wir mit den alten Traditionen brechen. Den Mut dazu die Dinge zu ändern, ausgetretene Pfade zu verlassen und neues zu kreieren.

Abschiednehmen wird sich weiter wandeln im Laufe des Lebens. Wir tätowieren uns die Namen der Verstorbenen vielleicht irgendwann einmal. Für meine Eltern und meine Oma habe ich mir Sterne tätowieren lassen, denn jeder der stirbt wird ein Stern am Himmel und leuchtet uns unseren Weg.

Vielleicht stehen wir irgendwann einmal beisammen und trinken auf der Trauerfeier ein Glas Sekt auf den Verstorbenen oder wir organisieren ein Fest, um den Toten zu verabschieden. Es gibt viele Ideen für neue Wege, die das Abschied nehmen erleichtern sollen.

Es möchte kaum einer mehr eine Erdbestattung, weil wir alle das Gefühl nicht mögen, wenn die Erde auf den Sarg fällt. Heute kommen wir immer mehr dazu Schalen mit Sand aufzustellen, Blumen einzeln auf das Grab zu werfen. In der Schweiz ist es lange üblich gewesen, das auf dem Grab eine Schale mit Weihwasser stand, damit begrüßte man die Toten, wenn man sie auf dem Gottesacker besuchte. Auch das kommt in Vergessenheit, weil wir jungen Menschen neue Beerdigungsformen bevorzugen.

Einer meiner Onkel wollte im Friedwald beerdigt werden. Das ist auch ein Weg, den wir heute ohne Probleme beschreiten können.

Noch ist es schwierig mit unserem Haustier beerdigt zu werden, aber auch das wird im Laufe der Zeit kommen, weil immer mehr Menschen Haustiere haben und Ihnen diese wichtig sind.

Wie bereits erwähnt, kann man in der Schweiz die Asche des Verstorbenen verstreuen, auch das wird weiter Einzug halten auf unserem Weg.

Wir können uns Erinnerungsstücke aus den Locken unserer Liebsten kreieren lassen. Oder aus den Haaren unseres Tieres. Es gibt die Möglichkeit Schmuck herzustellen aus der Asche.

Es wird im Laufe noch viel mehr Inspirationen geben, Wege, die wir heute noch nicht sehen. Ideen, die noch geboren werden, um uns an die Eltern oder Großeltern, das Kind oder die Tiere zu erinnern.

Haben Sie den Mut mit ihrem Bestatter zu sprechen. Lassen Sie sich nicht ins Bockshorn jagen, wenn Sie eine Idee haben, die Sie umsetzen wollen. Es ist zwar noch nicht alles möglich, aber viele Bestatter sind bereits heute dazu bereit neue Wege zu gehen.

Gedenkfeiern, Jahrestage und Co

I ch würde gerne noch einmal auf die Jahrestage eingehen oder die Gedenkfeiern oder die Geburtstage des Verstorbenen. Genauso wie Weihnachten und die Feiertage, an denen der Verstorbene nicht mehr teilnehmen kann.

Gestalten Sie Gedenkfeiern im kleinen Familienkreis am Todestag. Gedenken Sie im Rahmen eines guten Essens, eines Glases Sektes oder was immer ihren Verstorbenen ausgemacht hat.

Stellen Sie ein Bild auf, seien Sie voller Dankbarkeit dafür, einen so wunderbaren Menschen kennengelernt und geliebt zu haben. Weinen Sie an diesen Tagen, wenn Ihnen danach ist. Sie brauchen sich der Tränen nicht schämen. Gerade die Jahrestodestage sind die Tage, an denen einem die Verstorbenen näher sind.

Weinachten oder Ostern oder der Hochzeitstag. Es gibt so viel Tage in unserem Leben, an denen wir unseren Liebsten gedenken können. Vielleicht gab es ja ein Lieblingsgericht, was Sie selber nicht mögen. Besinnen Sie sich auf diese kleinen Dinge, die genau das ausgemacht haben. Einiges vergessen wir im Laufe der Zeit, das stimmt. Ich zum Beispiel habe wieder angefangen Rommee zu spielen, weil wir das früher mit meinem Vater sehr oft gemacht haben. Immer dann, wenn ich die Karten in die Hand nehme, ist er hier bei mir, ist er mir näher.

Meine Mama ist mir täglich nahe, wenn ich zu Hause in der Küche stehe und koche. Es gibt viele Gerichte, die es nur bei meiner Mama gab und diese koche ich dann an den Tagen, an denen sie mir ganz besonders fehlt oder es ein Jahrestag ist oder der Gedenktag.

Sie haben alle Möglichkeiten sich ihren Verstorbenen nahe zu holen. Versuchen Sie sich daran zu erinnern, was ihn oder sie ausgemacht hat. Wenn es möglich ist, treffen Sie sich mit der Familie und stoßen Sie auf den Verstorbenen an.

Eines meiner Highlites war es immer, wenn wir an Silvester mit Papa Böller und Raketen loslassen könnten. Auch heute noch an Silvester fühlt es sich oft so an, wie wenn er neben mir steht. Ich sende zwar keine Raketen mehr in den Himmel, weil es meinem Hund zu viel ausmacht, aber ich beobachte die Feuerwerke, die in den Himmel steigen und wie Sterne auf uns herabregnen und halte in Gedanken inne.

Schreiben Sie sich auf was Sie mit dem Verstorbenen verbunden hat, wenn Sie sich nicht sicher sind. Je mehr Sie schreiben, desto mehr fällt Ihnen ein, was wichtig war oder was Ihn/Sie ausgemacht hat.

Nehmen Sie diese Erinnerungen einher, um den Gedenktag zu zelebrieren. Leben Sie an dem Tag in und mit der Erinnerung. Es muss nicht der ganze Tag sein, manchmal reicht eine Stunde oder ein kurzer Augenblick.

Scheuen Sie sich nicht, sich der Toten zu erinnern und ihrer zu Gedenken.

Wenn Sie eine Lesung in der Kirchengemeinde wünschen an den Jahrestagen. Dann sprechen Sie mit ihrem Pastor. Es gibt viele Formen der Toten zu gedenken. Suchen Sie sich diese, die für Sie sich richtig anfühlt und leben Sie diese.

Viele werden es zwar nicht verstehen, aber man muss einfach schauen was für einen selbst gut und richtig ist.

Ich zum Beispiel schaue darauf, dass ich an den Todestagen meiner Eltern und meiner Oma nicht zum Dienst eingeteilt bin, weil mir diese Tage sehr wichtig sind für mein eigenes Seelenleben. Ich schäme mich auch nicht der Tränen, die ich an dem Tag vergieße, weil sie mir an diesen Tagen besonders fehlen. An diesen Tagen feire ich in kleinem Rahmen mit ihnen und bringe sie mir wieder ein wenig näher.

Dankbarkeit

Wenn die Trauer so langsam weniger wird, kommt ein Gefühl der tiefen Dankbarkeit in uns auf. Wir werden friedlicher, wir zweifeln weniger und wir sind dankbar für die Zeit, die wir miteinander hatten.

Dankbarkeit sind die stillen Momente, wenn wir innehalten, tief einatmen und uns ohne Schmerz erinnern können. Wir sind dankbar für unsere Eltern, ohne die es uns nicht gab. Dankbar für Oma, die uns so manchmal vor den Eltern gerettet hat, wenn sie mal geflunkert hat oder wir mit den Eltern gestritten haben und Oma uns dann getröstet hat.

Dankbar für die Zeit, die wir mit dem ungeborenen Leben in uns leben durften und die Erfahrung, die wir gemacht haben. Wenn wir Sternenkinder verlieren, so zeigt es uns meist eine Veränderung auf, die wir gehen sollen in unserem Leben. Wir verstehen das in den ersten Jahren vielleicht nicht, aber irgendwann kommt es doch.

Dankbar für den Hund oder die Katze oder welches Tier auch immer Sie an der Seite haben. Für das nächtliche Schnarchen, das Verstecken des Schlüssels, wenn man nach Hause kommt. Für diese bedingungslose Liebe, die man durch ein Tier erfährt. Wir sehen dies oft nicht, wie sehr uns unser Tier liebt und wie rein seine Seele ist.

Genauso wie Tiere dankbar sind, werden auch wir dankbarer und schätzen die Zeit umso mehr die wir haben.

Dankbarkeit ist eine vollendete Form der durchlebten Trauer. Wir sind dankbar für die Erfahrungen, die Zeit, die wir hatten, die Erlebnisse. Das Leben und die Liebe die wir erfahren haben.

Jemanden zu verlieren ist der Beginn einer schmerzhaften Erfahrung, aber auch hier werden wir irgendwann dankbar sein, dass wir diese Erfahrung machen durften.

Vielleicht kommt Ihnen das alles so weit weg vor, so fremd und unwirklich. Glauben Sie mir, es braucht alles seine Zeit und es wird anders, wenn wir durch das Tal der Tränen gegangen sind. Unser Leben wird immer aus Höhen und Tiefen bestehen und einen Menschen zu verlieren ist ein sehr tiefes Tal, welches wir durchwandern müssen. Aber wir schaffen diesen Weg und werden den nächsten Gipfel erreichen und die Aussicht genießen.

Das Leben geht weiter

Wir alle denken nicht darüber nach, aber unser Leben geht auch nach dem Tod unserer Angehörigen weiter. Alle kämpfen wir, weil wir die erste Zeit trauern, wir nicht wissen, wie wir damit umgehen sollen.

Manche die uns begegnen wissen nicht, wie sie mit uns umgehen sollen. Ihnen fehlen die Worte, sie wissen nicht, wie sie uns kondolieren sollen. Aber das ist normal. Sie sind in der Trauer nicht allein. Sie haben jedes Recht zu trauern, sich Gedenkecken einzurichten oder auch einen Altar. Loslassen ist ein schwerer Prozess, wenn wir dies in der Kindheit nicht lernen, dann fällt es uns umso schwerer im Alter.

Ihr Leben geht weiter. Das wissen Sie auch selbst. Natürlich fällt es uns schwer weiterzuleben, weil uns der Schmerz ganz am Anfang zu erdrücken scheint. Der Schmerz ist so intensiv und so groß, dass wir denken, wir schaffen es nicht. Doch wir schaffen den Sprung, was aber nicht heißt, dass wir nicht trauern dürfen.

Unsere Gesellschaft lehnt das Thema Tod und Sterben auch heute noch ab. Die Gesellschaft hat sich aufgrund des Wirtschaftswunders in den letzten Jahrzehnten sehr gewandelt. Nichts von dem, was bei unseren Großeltern präsent war, ist für uns heute noch gültig oder wird umgesetzt. Nein, auch das Sterben innerhalb der Gesellschaft hat sich in den letzten Jahrzehnten gewandelt.

Früher war es kein Problem, das wir unsere Toten zu Hause aufgebahrt haben, dass wir bei der letzten Waschung zugegen waren und geholfen haben. Wir haben uns alle im Laufe unseres Lebens gewandelt. Die Wegwerfgesellschaft hat unter anderem ein wenig dazu beigetragen.

Doch wenn einer unseren Liebsten verstorben ist, dann hat das auch für uns einschneidende Erlebnisse und Spuren, denn viele von uns beginnen über ihr eigenes Leben nachzudenken. Darüber, was wir uns selbst wünschen für unseren Tod und was wir unserer Nachwelt hinterlassen werden. Gemessen an der Unendlichkeit des Universums ist unsere Endlichkeit auf einen bestimmten Zeitrahmen gelegt. Einige von uns sterben jung, andere von uns werden sehr alt. Dennoch ist uns allen eines gemeinsam, wir alle kommen in diese Welt, weil wir eine Aufgabe lösen müssen.

Wenn wir gehen, hinterlassen wir eine Lücke bei unseren Angehörigen. Sterben unsere Angehörigen, hinterlassen sie eine Lücke bei uns. Sterben ist ein Prozess, der uns alle irgendwann in unserem Leben treffen wird. Wir haben keine Chance dem Tod zu entkommen, aber wir haben die Chance es unsren Angehörigen leichter zu machen.

«Niemals geht man so ganz» (Trude Herr), ein Teil von uns wird immer bei unseren Angehörigen sein. Wir alle hinterlassen Spuren, auch in den Herzen unserer Angehörigen.

Trauern ist ein Prozess, den wir erlernen müssen, mit dem wir umgehen lernen im Laufe der Zeit. Wir sehen das Sterben und den Tod sehr unterschiedlich im Laufe unseres Lebens. Während viele Kinder einen anderen Bezug zum Tod haben wie wir Erwachsenen, so trifft es uns dennoch, wenn unsere Eltern sterben oder unsere Kinder.

Meiner Oma hat es das Herz gebrochen, als meine Mutter vor ihr verstorben ist. Sie hat es nicht glauben wollen, dass ihr erstgeborenes Kind vor ihr diese irdische Welt verlassen hat. Aber dem war so. Ich habe lange und viele Gespräche nach dem Tod meiner Mama mit meiner Oma gehabt. Wir haben Malzbier getrunken und über meine Mama geredet. Über ihre Geburt, ihre ersten Lebensjahre. Für mich als Kind meiner Eltern war dies ein sehr wichtiger Prozess in meinem Leben.

Ich habe diese wenigen Momente mit meiner Oma sehr genossen. Ihre Nähe und ihren Geruch. Die Zeit die ich mit ihr nach dem Tod meiner Mama verbringen durfte. Für mich persönlich war das eine sehr intensive, sehr tränenreiche Zeit. Auch für meine Oma haben diese vielen Gespräche sehr viel gebracht und ihr das Abschiednehmen etwas erleichtert. Gegen gebrochene Herzen mag man vielleicht nur in der Jugend unseres Lebens machen können. Nicht aber im Alter, wenn das Leben seine Spuren hinterlassen hat.

Wir alle leben in dieser einen Welt., umgeben von Menschen, die wir lieben. Von Freunden, die wir schätzen, manche begleiten uns ein Leben lang, andere tauchen in unserem Leben auf wie eine Sternschnuppe und die Erinnerung an sie verblasst. Unser Leben geht weiter. Egal welche Erfahrungen wir im Umgang mit dem Tod machen. Wir können nur daraus lernen und unseren Neubeginn so gestalten wie er für uns gut und richtig ist.

Wir leben nur einmal in dieser Welt. Wenn wir wiedergeboren werden sollten, was wir jedoch nicht wissen, haben wir neue Aufgaben, neue Ziele und Projekte.

Wir sterben in dieser Welt. Manch einer von uns plant seinen Tod, weil sein Leben aussichtslos erscheint und er nicht mehr weiterweiß. Das mag nicht der richtige Weg sein, weil er für die Angehörigen nicht nachvollziehbar ist. Dennoch entscheiden sich immer wieder Menschen aus irgendwelchen Gründen auch immer, aus diesem Leben zu scheiden. Sie hinterlassen Abschiedsbriefe und die Frage «Warum». Manchmal fehlen einem einfach die Worte zum Abschied nehmen.

Mit Tod und Trauer umgehen zu lernen, ist mit einer der größten Herausforderungen, die wir uns in unserer Gesellschaft stellen müssen. Wir wachsen in die Aufgabe hinein Eltern zu werden. Aber wir wachsen in die Aufgabe loszulassen nicht einfach so hinein.

Der Tod spiegelt uns unsere eigene Endlichkeit wider. Wir leben bis zu dem Moment, wo wir sterben werden. Unser irdisches Dasein ist begrenzt und dennoch haben wir die Chance unserer Nachwelt etwas zu hinterlassen.

Wir können es unseren Kindern beibringen, dass wir uns alle nach dem Tod wiedersehen. Dass es ein Leben gibt, was lebenswert ist, auch wenn wir unsere Angehörigen verloren haben. Das es Momente gibt, in denen sie uns einfach nahe sind. Nicht nur an ihren Geburtstagen oder Todestagen.

Wenn wir uns öffnen, sind sie bei uns. Sie begleiten uns wie Engel jeden Tag. Sie schützen uns manchmal vor Gefahren oder sie streichen uns unbewusst durchs Haar. Sie sind immer ein Teil von uns, auch wenn wir sie nicht mehr sehen oder berühren können. Wenn uns ihre Stimme fehlt, ihre Nähe oder ihr Geruch. Wir sie nicht mehr anrufen können, weil sie nicht mehr bei uns weilen. Sie sind dennoch immer bei uns. Sie begleiten uns auf unserem Weg bis wir selbst dazu bereit sind, uns auf die letzte Reise zu begeben. Sie holen uns ab, öffnen uns die Türen und stehen neben uns, wenn es für uns an der Zeit ist zu gehen.

Wir alle werden geboren, um zu sterben. Wir alle befinden uns auf der Reise ohne Wiederkehr. Nutzen wir unsere Zeit, die uns hier auf Erden bleibt. Gemessen an der Unendlichkeit des Universums ist unser Leben in dieser Welt endlich. Das Einzige, was nach unserer Endlichkeit kommt, ist unsere Unendlichkeit vielleicht als Stern oder als Schmetterling.

Vielen von uns begegnet nach dem Tod unserer Liebsten ein Tier. Viele Eltern von Sternenkindern sehen Schmetterlinge, nach dem Tod meiner Eltern und meiner Oma haben Rehe mein Weg begleitet. Als der Opa vom Kind starb, saß ein Eichhörnchen am Grab und betrachtet die Beerdigung. So treffen wir unsere Verstorbenen wieder, auch wenn wir es vielleicht nicht immer wahrhaben wollen oder ernst nehmen.

Unsere Verstorbenen sind unsere Wegbegleiter. Sie führen sicher unseren Weg, gehen mit uns durch Höhen und Tiefen. Sie sind ein Teil von uns, jetzt und hier und immer.

Nutzen wir die Chance für den Neubeginn, den sie uns bieten. Leben wir bewusst und achtsam unser Leben, bis auch wir diese Welt verlassen. Versuchen wir im Reinen zu sein, mit uns und unseren Angehörigen. Eins sein, nicht immer, aber so oft wie es geht. Natürlich muss man nicht immer einer Meinung sein. Aber wir alle haben die Chance es unseren Angehörigen leichter zu machen, wenn wir über unseren Tod und ihr Leben danach reden. Wenn wir Ihnen eine Nachricht hinterlassen. Eine Audiodatei oder eine Videobotschaft. Damit geben wir unseren Angehörigen etwas in die Hand, was Ihnen selbst das Trauern erleichtert. Etwas, was sie wieder und wieder ansehen können oder hören. Was es ihnen einfacher macht Abschied zu nehmen. Wir müssen ein Umdenken bekommen, weil unsere digitale Welt uns diese

Möglichkeiten schafft. Wir können Videobotschaften aufnehmen. Wir können unsere Angehörigen an Orte senden, die wir gerne selbst einmal gesehen hätten. Wir können ihre Wege begleiten, als Diamant am Hals oder ein Teil unserer Asche an einer Kette. Sie können uns mitnehmen und somit sind wir immer ein Teil ihres Lebens.

Es kommt immer darauf an, was wir selbst daraus machen.

Ein Neubeginn heißt nicht, dass wir unsere Angehörigen vergessen sollten. Sondern dass sie immer ein Teil von uns sind. Das wir uns nicht schämen sollten, dass wir um sie trauern, auch wenn unsere Trauer im Laufe der Jahre sich verändert. Dennoch wird es in unserm Leben Tage geben, wo die Trauer intensiver ist als sonst. Gerade Weihnachten, Geburtstage oder Todestage. Genau an diesen Tagen sollten wir uns die Zeit nehmen. Wir müssen nicht vor Trauer vergehen. Sondern können eine Kerze aufstellen, unsere Gedanken teilen. Wir können die Lieblingsplätzchen oder den Geburtstagskuchen backen. Wir können Musik hören oder aber auch nicht. All das was uns mit dem Verstorbenen verbindet ist gut an diesen Tagen. Wir haben auch nach zehn oder nach zwanzig Jahren das recht diese Tage zu zelebrieren ohne dass es uns negativ ausgelegt wird.

Wir alle haben ein Recht zu trauern, zu weinen und uns an manchen Tagen allein zu fühlen. Niemand hat das Recht uns diese Trauer zu nehmen. In diesen Momenten sind wir nicht allein. Es heißt nicht, dass wir verlassen sind, sondern ein Teil dieser Welt.

Loszulassen ist schwer und ein Prozess, den wir erlernen müssen. Wir alle werden sterben. Das ist der Lauf unseres Lebens. Dennoch sollten wir darüber uns im Klaren sein, das wir bereits in jungen Jahren etwas für die Nachwelt hinterlassen können.

In unserer digitalen Welt haben wir die Chance einen Film oder eine Videobotschaft, ein Lied oder Audiodateien zu hinterlassen. Damit erleichtern wir das Abschied nehmen.

Einen Menschen zu verlieren den man liebt, hinterlässt eine große Lücke. Es ist nicht einfach so, dass man direkt weiterleben kann wie bisher. Es verändert sich so viel in dieser Zeit. Altes verliert im Laufe seines Lebens an Bedeutung und das Neue ist ungewiss und macht Angst. Wir wissen nicht, wie es weitergeht, wie wir weiterleben werden. Das erschwert die ganze Situation. Hinzu kommt der Wohnungswechsel, plötzlich erscheint die Wohnung zu groß oder sie erinnert nur noch an den Partner oder die Partnerin. Manchmal finden aber auch die Kinder, dass man nicht mehr in der Wohnung alleine bleiben sollte, und verändern das räumliche Umfeld.

Der Neubeginn nach dem Tode kann so unterschiedlich sein. Es sind die ersten zwölf Monate, die das Leben nach dem Tod des Liebsten verändern. Die ersten Tage und Wochen sind geprägt von der Trauer, von Tränen, dem nicht wissen, wie es weitergeht. In dieser Zeit hält man sich an allem fest, was einen an den Verstorbenen erinnert. Es ist eine Zeit, des Schmerzes, der Wut und der sich ständig wiederholenden Frage wie es weitergeht oder warum nur das jetzt gerade so ist wie es ist.

Die Zeit ist von Emotionalität geprägt, Trauerreaktionen wechseln sich ab. Man durchläuft verschiedene Ebenen, aber mit jedem neuen Morgen wird der Schmerz weniger. Es ist sehr schwierig zu sagen ab wann der Neubeginn oder die Neuorientierung startet. Jeder Mensch von uns ist individuell und somit auch sein Umgang mit der Trauer.

Die Zeit heilt nicht alle Wunden, aber sie lässt den Schmerz weniger werden, auch wenn er nicht verheilt. Der Tod meiner Eltern ist nun Jahre her und dennoch habe ich manchmal das Gefühl, wie wenn es gestern erst war. Es gibt so Tage, da erinnert mich alles an sie, da fehlen sie ganz besonders. Dann besinne ich mich aber an die schöne Zeit, die wir hatten und es wird ruhig und friedlich in mir.

Der Schmerz verändert sich. Es gibt so bestimmte Tage, Feiertage auch, da wünscht man sich die Verstorbenen sehr intensiv herbei, würde nochmal Weihnachten feiern oder Geburtstage, aber das geht leider nicht.

Wir können die Zeit nicht zurückdrehen, aber wir können uns Gedanken darüber machen, was wir für uns möchten, wenn wir sterben. Wir können unser Leben gestalten, bereits heute schon alles planen was mit unserer Beerdigung zu tun hat, damit es unsere Angehörigen später einfacher haben.

Wir können alte Traditionen und Bräuche weiterleben oder sie an unsere Zeit anpassen. Darüber nachdenken was uns wichtig ist und dies unserer Nachwelt mitteilen.

Warum nicht Botschaften hinterlassen für die, die nach uns kommen?

Unsere Gesellschaft wird sich auch im Laufe der nächsten hundert Jahre weiterhin verändern, so wie auch wir uns weiterhin ändern im Laufe unseres Lebens. Das was früher war, wird irgendwann keine Bedeutung mehr haben. Neue Wege werden entstehen und wir werden eine neue Abschiedskultur auf die Reise senden.

Das Leben geht für uns alle so lang weiter, bis wir irgendwann selbst sterben werden. Vielleicht können wir im Alter einmal zurückblicken und auf unseren Weg schauen. Auf unsere positiven wie auch negativen Seiten. Die Menschen, die unsern Weg gekreuzt haben, ein Stück mit uns gegangen sind und den Weg wieder verlassen haben.

Wir brechen alle im Laufe unserer Entwicklung mit den Traditionen, aber dennoch am Ende unseres Lebens besinnen wir uns neu, machen uns Gedanken wie es weitergeht und ob wir noch etwas ändern können. Wir versuchen zu leben, solange es geht.

Weiterleben nach dem Tod der Liebsten, es ist schwer alles in Worte zu fassen, zu erleben wie es schmerzt, wenn die Eltern sterben, die Kinder sterben. Wenn wir sehen, wie ein alter Mensch langsam krankheitsbedingt aus dem Leben scheidet. Unser Neubeginn orientiert sich an dem Alten, an dem Erlebten.

Wir werden die Jahrestage feiern, die Geburtstage, wo unsere Angehörigen nicht mehr mit uns feiern können. Wir können einen Neubeginn starten mit den Tränen, die wir in unseren Augen haben. Es ist heftig zu wissen, dass wir weiterleben uns unsere Liebsten nicht mehr auf der Erde weilen.

Doch wir verändern uns, der Verlust verändert uns. Wir sehen vieles anders, werden bewusster, leben intensiver und machen uns vielleicht auch Gedanken wie es für uns einmal sein wird. Doch, bevor es so weit ist, fahren wir in Urlaub oder fliegen wir, sobald es wieder zugelassen ist. Wir genießen die Zeit mit denen die uns wichtig sind und das sollten wir auch wirklich.

Wenn die Zeichen auf Neubeginn stehen, sollten wir es uns zunutze machen ohne dass wir egoistisch werden oder zänkisch. Wir leben nur dieses eine Leben was wir haben.

Jemand durch den Tod zu verlieren ist schwer, das kann ich Ihnen aus Erfahrung sagen. Ich habe innerhalb kurzer Zeit meine Eltern und meine Oma verloren. Menschen, die mir sehr nahestanden, waren von Jetzt auf Gleich nicht mehr da. Ich konnte sie nicht mehr anrufen, sie nicht mehr in den Arm nehmen, mit Ihnen essen oder einfach spazieren gehen.

Daher meine Bitte an Sie, genießen Sie die Zeit, die sie miteinander haben. Leben Sie, streiten Sie weniger und versuchen Sie sich auf sich und ihre Familie zu besinnen. Es ist schwierig das weiß ich. Nicht alles funktioniert immer so, wie man es gerne hätte. Aber wir haben alle die Chance das Beste daraus zu machen.

Nutzen Sie diese Chance. Wenn wir alt sind und Familienfehden haben, fällt es uns schwerer zu gehen.

Ein Neubeginn ist immer die Möglichkeit einen neuen Weg zu beschreiten. Die Arme zu öffnen für den Menschen, mit dem man sich vielleicht jahrelang gestritten hat. Seien Sie also nicht verbohrt.

Es ist Ihr Leben, Ihr Neubeginn oder Ihr Neustart. Wir werden unsere liebsten nicht vergessen. Der Schmerz verändert sich im Laufe unseres Lebens. Wir werden älter und weiser und sehen viele Dinge anders. Bleiben Sie authentisch, bleiben Sie bei sich. Wenn Sie trauern wollen, dann nehmen Sie sich die Zeit dazu.

Auch ich trauere heute noch. Es gibt Tage, an denen stelle ich eine Kerze an das Bild meiner Eltern und halte im Stillen Zwiesprache mit Ihnen. Ich erzähle Ihnen von meinen Ängsten, von meinen Sorgen und wie sehr sie mir fehlen. An manchen Tagen habe ich dann auch noch Tränen in den Augen oder ich merke das die Tränen in meinem Gesicht laufen. Ich fühle mich nicht mehr schlecht dabei, ich muss mich meiner Tränen nicht mehr schämen oder diese verstecken.

Meine Trauer hat sich verändert, so wie auch ich mich verändert habe im Laufe der Jahre, die meine Eltern schon tot sind.

Ich habe meinen Neubeginn gestartet, so wie Sie es auch können. Erfüllen Sie sich ihre Wünsche, ohne dass Sie sich schlecht fühlen müssen. Leben Sie, suchen Sie Orte auf, die Sie vielleicht schon immer in der Planung hatten oder ihr Angehöriger einmal sehen wollte. Fahren Sie dorthin, nehmen Sie ein Bild und eine Kerze mit und stellen Sie es dort auf. Halten Sie Gedenkminuten vor Ort und dann gehen Sie los und leben Sie.

Es klingt schwer, wenn man gerade in der Phase der Trauer ist. Aber es geht, es funktioniert im Laufe des Neubeginns.

Wenn wir unser Familienmitglied namens «Bello» oder «Mohrle» verloren haben, brauchen wir auch Zeit, bis wir wieder neu beginnen können. Manch einer von uns braucht Jahre, bis er wieder ein Tier bekommt, andere bekommen nach wenigen Monaten wieder einen Hund oder eine Katze. «Wir können zwar nicht alle retten, aber wenn wir einen retten» so haben wir schon etwas Gutes getan.

Das Leben geht weiter, mit uns und irgendwann auch ohne uns. Deswegen achten Sie auf sich auch in der Zeit der Trauer.

Früher hieß es immer, die Zeit heilt alle Wunden. Das ist leider nicht so, denn der Schmerz verändert sich im Laufe des Lebens. Seine Intensität ändert sich, genau wie wir.

Wir können in der Trauer nicht festhalten, weil wir Loslassen lernen müssen. Damit der Weg für den Neubeginn geebnet ist.

Vielleicht denken Sie, „Mh, das ist gutgesagt", wenn man keine Ahnung hat, aber glauben Sie mir, ich weiß, wie es ist jemanden zu verlieren. Mehr als einmal habe ich es erlebt und ich sehe auch, wie schwer es für Angehörige ist in der ersten Zeit. Aber ich bin mir auch sicher, es wird leichter im Laufe des Lebens, wenn wir den Mut haben uns der Trauer zu öffnen und sie zu zulassen. Trauer lässt sich nur bedingt verdrängen. Irgendwann holt sie einen ein und es wird härter durch diesen Prozess zu gehen.

Leben ist das was wir draus machen. Trauer ist genauso das, was wir daraus machen.

Wir müssen den Tod enttabuisieren, damit uns das Abschied nehmen erleichtert wird. Trennungen von den Liebsten ist ein wenig wie Sterben. Wenn es Ihnen schwerfällt mit dem Tod umzugehen, dann stellen Sie es sich vor wie eine Trennung auf Lebzeit. Man sieht sich erst zu einem späteren Zeitpunkt wieder, an einem Tag, den man nicht kennt.

Abschiednehmen ist schwer und so fällt es mir auch schwer, dieses Buch zu beenden. Es gibt so viel worüber ich noch schreiben oder aber auch berichten könnte. Wir alle machen unsere Erfahrungen, gehen unseren Weg, durchleben Höhen und Tiefen. Wir durchlaufen tiefe Täler und erklimmen Gipfel des Erfolges. Wir steigen und fallen und haben immer wieder die Chance aufzustehen, wenn uns einer die Hand reicht und sagt ich bin da und stütze dich, wenn du fällst. Genauso ist das Leben und genau das macht uns aus.

Es wird immer einer kommen und uns die Hand reichen, zum Trost, zum Halt, zum Neustarten und zum Leben. Haben wir den Mut diese Hand zu nehmen und uns vertrauensvoll ihr zu zuwenden.

Keiner von uns ist allein, egal wo wir sind, egal wie wir leben und lieben.

«Der Tod verändert das Leben – nicht die Liebe».

Anhang

Ich gehe hier doch noch kurz auf die Bestattungsformen ein, da diese in der Schweiz doch etwas anders sind als in Deutschland. Welche Bestattungsform für Sie oder ihren Verstorbenen richtig ist, sollten Sie selbst entscheiden.

Erdbestattung

Die Erdbestattung ist noch die klassische Bestattungsform, auch wenn es seit langem ein Umdenken gibt. Der Leichnam des Verstorbenen wird in einem Sarg in die Erde gelassen. Dabei ist zu bedenken, dass dies nur auf zugelassenen Friedhöfen erlaubt ist. Jeder Mensch hat das Recht auf einem öffentlichen Friedhof beigesetzt zu werden.

Feuerbestattung

Der Leichnam wird in einem Sarg im Krematorium verbrannt. Dabei ist zu beachten, dass je nach Kanton die Totenruhe bis zu 24h betragen kann. Vielerorts wird die Asche noch einmal gemahlen, da diese noch aus kleinsten Knochenresten bestehen kann. Die Asche wird dann später in einer Urne, welche die Angehörigen vorher ausgesucht haben, den Angehörigen ausgegeben. Die Angehörigen haben die Wahl, die Asche auf einem Friedhof, zuhause oder aber auch in der Natur beizusetzen. Dabei gibt es hier verschiedene Formen der Naturbeisetzungen.

Naturbeisetzungen

Möchte man seinen Verstorbenen in der Natur bestatten, so ist es vorher unabdingbar, eine Feuerbestattung zu wählen, da nur die Asche beigesetzt werden darf. In der Schweiz werden hier besonders die Schweizer Alpen oder spezielle Friedwälder genutzt, um die Asche des Verstorbenen in der Natur beizusetzen. Bisher sind folgende Naturbestattungsformen anerkannt:

- Anonyme Bestattung (sie ist völlig anonym und ohne Angehörige. Der Ort der Beisetzung ist ebenso wenig bekannt, wie die Identität des Verstorbenen)

- Bergwiesenbestattung (Inmitten der Schweizer Alpen auf einer Wiese kann die Asche an einem selbstgewählten Ort beigesetzt werden. Die Asche wird dazu in eine Grasnarbe gegeben. Der Ort selbst kann nicht gekennzeichnet werden, aber die Angehörigen haben immer die Möglichkeit diesen Ort mittels einer Pilgerung zur Trauerstätte aufzusuchen)

- Bergbach (hier wird die Asche in einen Bergbach verstreut. Dabei gibt es keine Anforderung an den Bach. Er kann ruhig fließend oder aber ein wild und stürmisch sein. Die Asche wird in den Bach verstreut und verläuft sich mit dem Bach. Auch hier gibt es nur den Ort, an dem man die Asche verstreut hat zum Aufsuchen, da man die Asche des Verstorbenen wieder zurück in die Natur geführt hat)

- Windbestattung (hier wird die Asche von einem Gipfel eines Berges in drei verschiedene Himmelsrichtungen verstreut. Durch den Wind wird die Asche frei gelassen und ins Tal getragen)

- Familienbaum (die Asche wird hier unter einem Baum oder zwischen einer vorher gekauften Baumgruppe vergraben. Der Baum wird mit einem Schild gekennzeichnet. Hier sind Bestattungen bis zu vier Personen möglich)

- Familienfelsen (eine Beisetzung an einem Felsen ist ebenfalls möglich. Es ist machbar, sich einen Felsen auszusuchen und die Asche in einer Grasnarbe beizusetzen. Der Fels wird zwar im Grundbuch eingetragen, aber er wird nicht gekennzeichnet. Diese Bestattungsform wählen viele, die sehr naturverbunden sind und zurück zur Natur möchten)

- Seebestattung (Die Form des Nachhause kommen für alle Seefahrer und Seeliebhaber. Hier wird mit einer Bootsfahrt die Asche auf einem See verstreut. Es symbolisiert die Freiheit, die Rückkehr in den Heimathafen und ist eine besondere Bestattungsform. Sie ist auf dem Bodensee und auf kleineren Bergseen möglich)

- Luftbestattung (die Asche wird hier aus hoher Höhe über einem Ort, der vorher von den Angehörigen bestimmt wird in der Luft verstreut. Zwei Angehörige haben die Möglichkeit bei dieser Bestattungsform anwesend zu sein.

- Gletscherbestattung (mittels eines Helikopters wird die Urne zu einem Gebirgslandeplatz geflogen. Von dort kann die Asche zu einem Gletscher getragen werden und dort verstreut oder dem ewigen Eis beigesetzt werden)

Es gibt noch weitere Bestattungsformen, die ich nicht alle aufgezählt habe, da jede Familie ihre eigenen Wünsche und Vorstellungen diesbezüglich hat. Gerade für Eltern von Sternenkindern ist es sehr wichtig einen Ort zu haben, an dem Sie trauern können. Einige möchten ihr Kind zu Hause aufstellen, andere brauchen ein Grab, welches sie aufsuchen können. Wie auch immer sich Eltern entscheiden. Die Entscheidung sollte sehr mit Ruhe bedacht werden, da sie nicht leicht zu fällen ist.

Für Tierbesitzer gibt es die Möglichkeit die Asche ihres Haustieres zu Hause hinzustellen in einer passenden Urne. Viele gestalten sich eine eigene Trauerecke mit Bild von ihrem verstorbenen Haustier und Kerzen. Vielen hilft diese Trauer- oder Gedenkecke beim Abschied nehmen und Loslassen.

Eine neue Bestattungsform ist die Baumbestattung im Sinne von der Beimengung der Asche über mehrere Monate an einem vorher ausgesuchten Setzling. Hier wird die Asche sechs Monate lang mit einer speziellen Erde gemischt und dem Setzling so zugefügt, dass der Baum die Asche in sich aufnimmt. Dieser Baum kann dann später im eigenen Garten gepflanzt werden. Die Angehörigen können dann, wenn der Baum groß genug ist, eine Bank oder einen Ruheplatz darunter gestalten. So können Sie ihren Verstorbenen zu Hause haben und haben eine bleibende Erinnerung und gleichzeitig einen Ort des Abschiednehmens. Unter www.tree-of-life-baumbestattungen.de finden Sie weitere Informationen. Ich danke Florian Krause für das aufschlussreiche Telefonat und die vielen Informationen, die er mir zur Verfügung gestellt hat.

Literaturempfehlungen

E s gibt vieles an Literatur zum Thema Trauer und Sterben oder dem Leben nach dem Tod. Ich gehe hier deswegen nur auf sehr wenige ein. Da viele meiner Informationen Erfahrungen sind oder sich aus Gesprächen auch mit Angehörigen und auch Bestattern ergeben haben:

Natürlich gibt es sehr viel mehr an Literatur und es würde den Rahmen sprengen alle aufzuzählen. Daher habe ich hier die für mich wichtigsten genommen. Bücher, die mir damals geholfen haben, vieles zu verstehen.

- Die Bibel

- Was können wir noch tun? (Elisabeth Kübler-Ross)

- In Liebe leben (Elisabeth Kübler-Ross)

- Erfülltes Leben – würdiges Sterben (Elisabeth Kübler-Ross)

- Das tibetische Totenbuch

Sie werden gemäß Ihrer Suche viel Literatur im Internet und auch in den Buchhandlungen finden. Für mich sind dies die wichtigsten Bücher.

Linkliste

https://www.bibelseite-365.de/die-regenbogen bruecke.html

http://www.gedankenwelt.de

http://www.gedrechselte-unikate.de

http://www.tree-of-life-baumbestattungen.de

http://www.bestattungsvergleich.de

http://www.sternenkind.ch

http://www.bestatter.de

http://www.islam.de

http://www.trauernmitsimon.com

http://www.exit.ch

http://www.stärnechind.ch

http://www.trauerformen.de

http://www.november.de

http://www.serafina.de

http://www.trauern.ch

http://www.peter-und-paul-aarau.ch

Es wird keine Haftung für die Richtigkeit und die Inhalte der Links übernommen. Sie werden im Internet zum Thema Tod sehr viel Informationen finden. Ich habe für mich die mir wichtigsten herausgesucht. Es gibt weitaus mehr.

Mit der Trauer achtsam umgehen

Platz für eigenen Notizen, Gedanken und Gefühle die zwischen den Texten keinen Platz gefunden haben.

FSC
www.fsc.org
MIX
Papier | Fördert
gute Waldnutzung
FSC® C083411

Zeitfracht Medien GmbH
Ferdinand-Jühlke-Straße 7
99095 Erfurt, Deutschland
produktsicherheit@kolibri360.de